高等职业教育电子商务类专业系列教材

直播运营

ZHIBO YUNYING

主　编　伍建军　赵　勍

副主编　熊　雯　龚　芳　陈映薇

　　　　王梦雅　肖红波

本书另配：教学资源

中国教育出版传媒集团

高等教育出版社·北京

内容提要

本书是高等职业教育电子商务类专业系列教材之一，是高等职业教育改革创新教材。

本书依托直播电商运营岗位工作设置内容框架，共分五个项目：直播电商认知、直播电商团队管理、直播电商策划、直播电商实施、直播电商复盘。全书将知识内容和习题与实训融为一体，习题与实训按照项目进行编写，体现职业教育"教学做一体"的教学理念。为了利教便学，部分学习资源以二维码形式提供在相关内容旁，可扫描获取。此外，本书另配有教学课件、习题与实训答案等教学资源，供教师教学使用。

本书可作为高等职业本科院校、高等职业专科院校财经类专业开设的"直播电商运营"课程教材，也可作为在职电商人员、管理人员等学习和研究直播电商与运营的参考用书。

图书在版编目（CIP）数据

直播运营 / 伍建军，赵勍主编. -- 北京 ： 高等教育出版社，2024. 8. -- ISBN 978 - 7 - 04 - 062395 - 6

Ⅰ. F713.365.2

中国国家版本馆 CIP 数据核字第 2024ZQ3181 号

策划编辑	钱力颖　张文博	**责任编辑**	张文博　钱力颖	**封面设计**	张文豪	**责任印制** 高忠富

出版发行	高等教育出版社	**网　　址**	http://www.hep.edu.cn
社　　址	北京市西城区德外大街 4 号		http://www.hep.com.cn
邮政编码	100120	**网上订购**	http://www.hepmall.com.cn
印　　刷	浙江天地海印刷有限公司		http://www.hepmall.com
开　　本	787mm×1092mm　1/16		http://www.hepmall.cn
印　　张	14.5		
字　　数	243 千字	**版　　次**	2024 年 8 月第 1 版
购书热线	010-58581118	**印　　次**	2024 年 8 月第 1 次印刷
咨询电话	400-810-0598	**定　　价**	33.00 元

本书如有缺页、倒页、脱页等质量问题，请到所购图书销售部门联系调换

前　言

在数字经济高速发展的当下，直播电商以其独特的互动性和实时性，成为电子商务领域的重要分支。随着市场竞争的加剧和消费者需求的多样化，直播电商运营面临着前所未有的挑战和机遇。直播电商作为直播与电商的有机融合物，由技术、媒介、平台、资本、企业和主播等因素协同驱动，正在向各行业和生活领域渗透，"直播带货"已成为新零售行业的重要一环，整个社会开始进入"全民直播"的时代。与此同时，全国多地大力扶持直播电商产业，不断推出新政策、培育新业态，发展在线新经济，打造直播电商高地，出现了一批直播电商平台、直播电商基地和直播服务机构。为了培养具备实践能力的优秀直播电商人才，我们编写了本书。

本书围绕直播电商新业态发展趋势进行编写，共包括5个项目：直播电商认知、直播电商团队管理、直播电商策划、直播电商实施、直播电商复盘。本书介绍了直播电商运营的本质，不仅涵盖了直播电商的理论基础、市场定位、用户画像等宏观知识，还详细讲解了选品策略、团队管理、内容策划、营销互动、数据分析等核心运营环节知识。力求通过全面、系统的知识体系，帮助读者掌握扎实的直播电商运营基础知识。

本书具有以下特点：

1. 课程思政，立德树人

每个项目开头设有【素养目标】，每个项目后面，设有【素养园地】，以期培养学生的爱国情怀，树立工匠精神，具备爱岗敬业的优秀品质。

2. 体例新颖，形式活泼

打破高职教材传统的编写模式，以"学生"为中心，采用【知识准备】【技能训练】的项目制编写体例，通过"案例导入→理论学习→技能训练→项目习题→项目实训"的思路，由浅入深地融入直播电商运营的理论知识，并运用项目实训活动锻炼学生的实践技能。

3. 以案为鉴，循序渐进

在任务活动难度的编排上，遵循了先易后难的原则，先从热点案例入手引出相关理论知识，再通过技能训练和项目习题巩固理论知识，最后通过项目实训提升学生的实践能力。

4. 产教融合，双元开发

本书由校企合作共同研发，把电商企业真实的直播项目提炼出来作为实训项目，辅以必要的理实一体化作业，帮助学生提升综合竞争力。

本书由长沙商贸旅游职业技术学院伍建军、赵勋担任主编并统筹编写；长沙商贸旅游职业技术学院熊雯，湖南现代物流职业技术学院龚芳，长沙商贸旅游职业技术学院陈映薇、王梦雅，四川华新现代职业学院肖红波担任副主编；长沙商贸旅游职业技术学院周翊斌，广西工业职业技术学院谭婧婧参与编写，协助完成审稿和配套教学资源的整合。具体编写分工如下：项目一由陈映薇、肖红波编写；项目二由熊雯、谭婧婧编写；项目三由赵勋、王梦雅编写；项目四由伍建军、陈映薇编写；项目五由龚芳编写；电商法规部分由周翊斌编写。

本书在编写过程中，参阅、借鉴并引用了国内外有关直播电商相关的书刊资料和研究成果，浏览了许多相关网站，特别得到了湖南慧采科技集团有限公司的大力支持和帮助，在此一并致以衷心的感谢！

本书可作为高等职业本科院校、高等职业专科院校的电子商务、网络营销与直播电商、市场营销等专业学生的教材，还可作为从事直播电商人员的参考用书。

由于编者编写水平有限，书中不妥之处在所难免，恳请读者不吝赐教。作者联系邮箱：6828297@qq.com。

编　者

2024 年 8 月

目　录

项目一
直播电商认知

【知识目标】

▶ 掌握直播电商的基本概念、特点及发展历程。

▶ 了解直播电商的产业链构成及各环节作用。

▶ 理解直播电商与传统电商的区别和联系。

【能力目标】

▶ 能够分析直播电商的优势与挑战，识别市场机会与风险。

▶ 能够区分不同类型的直播电商平台并认识其特点，可以选择合适的平台进行实践操作。

▶ 能够调研并报告直播电商的市场现状及趋势，具备初步的市场分析能力。

【素养目标】

▶ 对直播电商行业有兴趣和热情，树立正确的行业认知。

▶ 有团队合作精神，提升沟通与协调能力。

▶ 有创新意识，在直播电商领域勇于尝试与探索。

案例导入

张晓的新电商探索之旅

张晓是一个对电商行业充满热情的年轻人，他在一家传统电商公司工作了一段时间后，发现直播电商的兴起为公司带来了巨大的商机。于是，他决定投身于这个新兴领域，探索直播电商的奥秘。

张晓开始深入了解直播电商的概念、特点和优势。他发现直播电商不仅具有实时互动性，能够让消费者更加直观地了解产品，还能通过主播的影响力吸引大量粉丝关注。这让他看到了其中巨大的市场潜力。

为了更好地掌握直播电商的运营技巧，张晓开始研究各大平台的直播带货案例。他分析了不同主播的成功经验，学习如何选择合适的产品、如何与观众互动、如何营造良好的直播氛围等直播电商的知识。同时，他还参加了各种与直播电商相关的培训课程，提升自己的专业素养。在直播电商中，不仅仅要对产品有了解，更要对品牌、文化和价值观有认同。通过直播，商家可以更直接地与消费者互动，传递品牌理念和产品价值。同时，消费者也可以通过直播更全面地了解产品，做出更明智的购买决策。通过正确认识直播电商，并良好地运营，商家可以提高销售效率，消费者可以享受更好的购物体验。

在学习的过程中，张晓意识到直播电商的成功并不仅仅依赖于主播的个人魅力，还需要一个高效的团队支持。于是，他开始组建自己的团队，包括摄影师、助理、运营人员等，共同为直播成功带货而努力。

经过一段时间的努力，张晓的直播带货业务逐渐走上正轨。他与多个品牌建立了合作关系，为消费者带来了丰富多样的产品选择。他还通过创新的营销策略和互动环节，吸引了大量粉丝关注，提升了销售额。

张晓的新电商探索之旅充满了挑战与机遇。通过深入了解直播电商的运营模式和市场趋势，他成功地将自己的想法付诸实践，开拓出一片新的商业天地。

 **知识准备**

一、直播电商的基本概念与特点

（一）直播电商的基本概念

1. 直播

直播，指的是通过互联网进行实时传输和播放视频、音频等多媒体内容的一种技术或服务。它是一种基于流媒体技术的实时传播方式，包括视频直播、游戏直播、音乐直播、购物直播等多种形式。

直播作为一种技术或服务，其发展历程经历了电视直播、网络直播、移动直播和人工智能（AI）技术驱动直播等阶段。

（1）电视直播阶段。电视直播始于20世纪50年代的美国。电视直播最初主要用于新闻报道和大型活动，后来逐渐发展成为一种娱乐形式。

（2）网络直播阶段。随着互联网技术的发展，网络直播逐渐兴起。网络直播具有更高的灵活性和互动性，这使得任何人都可以通过互联网进行直播，从而丰富了媒体传播的途径。

（3）移动直播阶段。随着智能手机和移动互联网的普及，移动直播逐渐成为主流。人们可以通过手机随时随地进行直播和观看直播内容，并且可以与主播进行实时互动，进一步提高了直播的互动性和参与感。

（4）AI技术驱动直播阶段。近年来，AI技术开始被广泛应用于直播领域，例如虚拟主播、智能推荐等。AI技术的应用使得直播更加智能化、个性化和精准化，为观众提供了更加优质的观看体验。

2. 直播电商

直播电商，也称为直播销售或直播营销，是一种基于直播平台的新型电商模式。商家或主播通过直播平台实时展示商品或服务，与观众进行互动交流，从而达到销售或推广的目的。

直播电商的主要内容包括以下几个方面。

（1）商品展示与推广。通过直播平台，可以展示和介绍各类商品，包括服装、美妆、家居用品等。主播会详细介绍商品的特点、功能、使用方法等，并通过实际演示和试用，让观众更直观地了解商品的优势和效果。

（2）互动交流与客户服务。直播平台提供了实时互动的功能，观众可以通过弹幕、评论等方式与主播进行互动交流。主播会及时回答观众的问题，解决他们的疑虑，提供专业的购买建议。这种互动交流不仅增加了用户的参与感和信任度，也为主播提供了了解用户需求和反馈的机会，有助于优化商品和服务。

（3）销售与转化。电商直播运营的最终目的是促进商品的销售和转化。主播会在直播过程中引导观众进行购买，提供购买链接或二维码等内容，方便观众直接下单购买。主播还会通过限时抢购、优惠券等促销手段，增加消费者购买的可能，提高销售转化率。

（4）数据分析与优化。收集和分析各种运营数据，如直播点击率、观看人数、平均观看人数、互动率、产品的销售情况等，这些数据可以帮助运营者了解用户的行为和需求，从而优化直播内容和销售策略。

通过这些内容的展示和策略的实施，直播电商可以更好地吸引用户，提高用户黏性，最终促进商品的销售和转化。

（二）直播与直播电商的特点

1. 直播的特点

（1）实时性。直播是实时传输的，观众可以第一时间观看到内容，获得直播信息。

（2）互动性。直播平台具有互动功能，观众可以通过弹幕、评论、连麦等方式与主播进行交流，这能提高观众的参与感和用户黏性。

（3）多样性。直播内容涵盖多种类型，包括游戏、秀场、电商、教育等，满足不同观众的需求。

（4）个性化。直播平台可以根据观众的兴趣和偏好，进行个性化推荐，提高观众的满意度和忠诚度。

（5）社交属性。直播平台聚集了大量兴趣相同的人，观众可以通过直播结识新朋友、拓展人脉，甚至实现商业价值。

（6）低门槛。直播的进入门槛相对较低，使得更多的人可以参与直播行业，丰富直播内容。

（7）半碎片化。直播内容的观看方式呈现出半碎片化的特点，即灵活性与个性化，观众可以在任何时间、任何地点观看自己感兴趣的内容。

这些特点使得直播成为一种具有吸引力和成长潜力的传播方式。

2. 直播电商的特点

（1）即时互动性。直播电商能够实现商家与消费者的实时互动，消费者可以通过弹幕、评论等方式与主播进行交流，提出问题或反馈，这种即时互动性提高了消费者的参与感，改善了购物体验。

（2）真实展示。直播电商能够通过视频直播的形式，将商品或服务真实地展示给消费者，让消费者更直观地了解产品的外观、功能、使用方法等信息，降低了信息不对称的风险。

（3）社交属性。直播电商具有社交属性，消费者可以通过直播平台聚集在一起，形成社群效应，互相交流购物心得和体验。这种社交属性有助于提高品牌知名度和用户忠诚度。

（4）高转化率。直播电商能够通过精准定位和个性化推荐等方式，将商品或服务推荐给可能对此感兴趣的用户，从而提高转化率。同时，直播间设置的优惠活动、秒杀等促销方式也能够刺激消费者进行购买。

（5）内容营销。直播电商能够通过高质量的内容营销，吸引消费者的注意力并提高其黏性。主播可以通过分享专业知识、展示个人魅力等方式，与消费者建立信任关系，从而促进销售或实现商品推广。

直播电商是一种具有即时互动性、真实展示、社交属性、高转化率和内容营销等特点的新型电商模式。随着技术的发展和消费者行为的改变，直播电商在未来仍有很大的发展空间和潜力。

二、直播电商的发展历程与趋势

（一）直播电商的发展历程

直播电商起源于中国，最早是一些个人主播通过平台展示商品并进行销售，随着直播技术的不断发展，一些直播平台开始崛起。直播电商的发展历程大致可以分为以下四个时期。

1. 红利期

2016 年，直播通过技术驱动进入移动直播时代，虎牙、斗鱼等平台以秀场直播和游戏直播为主。此时，淘宝、京东、蘑菇街等传统电商平台开始试水"电商+直播"模式。

2. 蓄能期

2017—2018 年，淘宝直播、京东直播等传统电商平台着手孵化直播网红体系，抖音、快手等短视频平台开始涉及电商。此阶段为直播电商服务的多频道网络（Multi-Channel Network，MCN）机构也得到了快速增长。

3. 爆发期

2019 年，直播电商进入了爆发期。这一年，许多头部主播的出现，以及平台方大力推广，共同推动了直播电商的发展。

4. 持续期

从 2020 年开始，直播电商行业进入了持续发展期。一方面，更多品牌和商家开始进入这一市场，通过直播带货销售商品。另一方面，平台也在不断完善和优化直播电商的生态环境，提供更多的工具和服务，帮助主播和商家更好地运营和推广。

（二）直播电商的发展趋势

随着技术、消费者需求和市场经济的发展，直播电商将继续不断创新和进步，成为未来电子商务的重要组成部分，主要呈现以下几个发展趋势。

1. 内容创新

直播电商将更加注重内容的多元化和创新，以满足用户对高质量内容的需求。未来，直播电商将涵盖更多行业，如电影、音乐、体育等，推出相关周边产品进行销售，增加销售机会，满足消费者更多样的选择和购买需求。

2. 技术驱动

随着技术的发展，直播电商将不断引入新的互动形式，带来更新的购物体验。例如，通过增强现实（AR）技术，消费者可以在直播中试穿或试用商品，提升观看体验。同时，大数据技术和人工智能将被用于提升直播电商的个性化推荐和购物引导，提高消费者购买转化率。

▶ **知识拓展**

元宇宙直播

随着元宇宙概念的兴起，元宇宙直播构建了全新的人、货、场体系，是一种基于虚拟现实（VR）技术的新型直播形态。在元宇宙直播中，人、货、场三个要素都得到了全新的诠释和构建。首先，在人的方面，元宇宙直播主要通过虚拟数字人来实现。这些虚拟数字人具有高度逼真的外观和表情，能够进行实时的语音交流和互动。通过动作捕捉技术，虚拟数字人还可以实现与真实人物的动态交互，使得观众能够更深入地参与直播。同时，元宇宙直播为用户提供了全新的沉浸式体验，让他们仿佛置身于一个真实的世界中。其次，在货的方面，元宇宙直播带来了全新的商品展示方式。通过虚拟现实技术，商品可以在元宇宙直播中以三维形式展示出来，观众可以从任意角度观察商品，甚至进行虚拟试用或试穿。这种新型的商品展示方式不仅提高了观众的购物体验，也使得商品的销售更具互动性和趣味性。最后，在场地方面，元宇宙直播创造了一个全新的、可变换的虚拟场景。这个场景可以是一个虚拟的商场、展厅，甚至是演唱会现场，为用户提供了一个高度自由和个性化的环境。在这里，观众可以自由选择观看角度、互动方式，甚至可以参与虚拟活动，如虚拟购物、虚拟演出等。这种全新的场景构建方式使得元宇宙直播具有了更广阔的应用前景和市场潜力。

3. 社交属性

直播电商将更加注重消费者的参与和互动性。通过紧密的互动，如弹幕、互动问答，让观众获得实时商品信息和购买建议。这种体验可以让消费者对消费体验更加满意，增强了交易的吸引力。同时，直播电商将成为消费者获取信息的新渠道。

4. 全品类覆盖

随着直播电商的普及和消费者需求的多样化，未来将有更多商品通过直播间进行销售。直播电商涉及的方面将不仅限于传统的服装、化妆品、零食、数码等产品，还将涉及房产、旅游和汽车等高价值商品。

5. 国际化趋势

随着经济全球化进程的加速和中国品牌走向世界，未来直播电商也将呈现国际化趋势。国外品牌和商家将通过直播电商进一步开拓中国市场，而中国品牌也将通过直播电商走向世界。

6. 监管规范化

随着直播电商的快速发展，监管部门将加强规范和管理。近年来，我国出台了多个文件对网络直播和直播电商行业进行规范，主要涉及规范网络直播营销行为、加强电子商务监管治理、促进直播电商行业健康发展等方面，旨在推动网络直播行业和电子商务行业的可持续发展（见表1-1）。未来，直播电商行业将更加规范，违法违规行为将受到严厉打击，这也将为消费者提供更加安全、可靠的购物环境。

⊙ 表1-1 直播电商行业相关政策

发布时间	发布单位	政策名称	主要内容
2021年4月	国家互联网信息办公室、公安部、商务部等七部门	《网络直播营销管理办法（试行）》	进一步明确各方参与主体的责任，规范网络直播营销行为，维护市场秩序，促进网络直播营销健康有序发展
2021年10月	商务部、中央网信办、发展改革委	《"十四五"电子商务发展规划》	在强化电子商务治理体系和治理能力方面，重点开展直播电商、社交电商、农村电商、海外仓等新业态标准研制，加强电子商务监管治理协同，探索建立"互联网+信用"的新监管模式
2022年3月	国家互联网信息办公室、国家税务总局、国家市场监督管理总局	《关于进一步规范网络直播营利行为促进行业健康发展的意见》	加强网络直播营利行为规范性引导，促进网络直播行业规范健康发展
2022年8月	国务院常务会议	出台19项接续政策措施	提出促进平台经济健康持续发展的政策，包括支持平台经济规范健康发展。这一政策的出台再次释放出支持平台经济发展的信号，旨在为直播电商行业的健康持续发展提供支持

7. 与实体经济融合

直播电商作为数字经济的重要组成部分，将与实体经济深度融合。未来，直播电商将与线下门店、传统零售等实体经济形式相互促进，共同推动经济发展。

8. 可持续发展

在追求经济效益的同时，直播电商也将注重可持续发展。例如，平台将更加注重环保、公益等方面的宣传和教育，鼓励主播和消费者关注环境保护，提升社会责任感。

9. 消费升级

随着消费者收入水平和消费观念的提高，未来直播电商将更加注重消费升级。未来，消费者将更加注重商品的品质、设计和个性化定制等方面，促使商家提供更个性化、高质量的产品和服务。

10. 产业链完善

随着直播电商的不断发展，与之相关的产业链也将不断完善。从供应链管理、物流配送到售后服务等，各环节都将得到优化和提升，为消费者提供更加完善的服务体验。

三、直播电商的产业链构成

直播电商的产业链是一个由多个环节组成的复杂系统，涵盖了从商品供应到消费者购买的整个过程。通过直播平台和电商平台的整合，主播能够展示和推销商品，与消费者实时互动，从而提升销售效果。而数据服务商、供应链服务商、综合解决方案提供商等也为整个产业链提供重要的支持和服务。直播电商产业链的具体构成及运作流程如图 1-1 所示。

（一）品牌商

品牌商作为直播电商产业链的上游供应方，扮演着重要的角色，他们拥有自己的品牌和产品线。在直播电商中，品牌商通过与主播合作，将自己的产品展示给消费者，并促成购买行为。品牌商在直播电商中的角色具体包括以下几个方面。

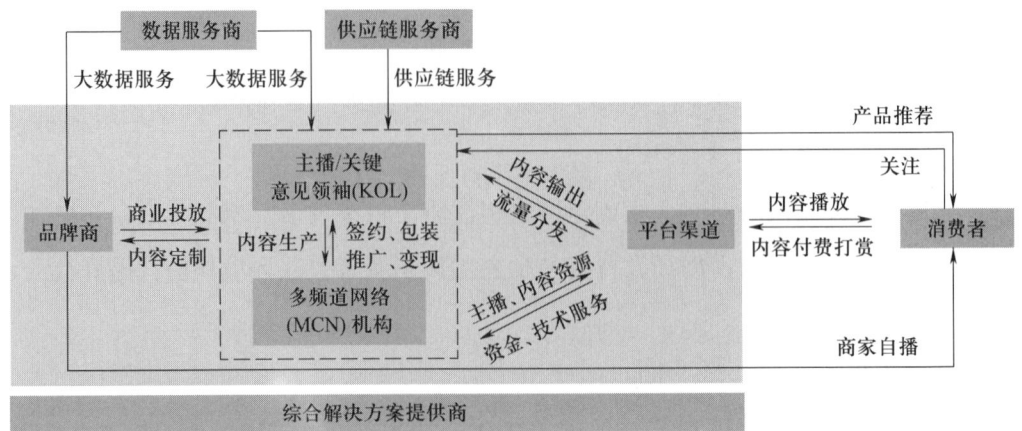

● **图1-1 直播电商产业链的具体构成及运作流程**

来源：亿欧智库研究院桌面

1. 产品供应

品牌商是商品的主要供应方之一，他们提供产品给直播电商平台，确保商品的质量和货源的稳定性。品牌商需要与平台建立良好的合作关系，确保产品能够顺利进入直播电商渠道。

2. 品牌宣传

品牌商通过直播电商进行品牌宣传和推广，提升品牌知名度和美誉度。在直播过程中，品牌商可以通过主播的介绍和展示，向消费者传递品牌理念、产品特点和优势等信息，吸引消费者的关注和信任。

3. 销售促进

品牌商通过与主播合作，将产品销售给消费者。在直播过程中，主播可以通过互动、试用、试穿等方式引导消费者购买，同时品牌商也可以提供促销活动、折扣优惠等吸引消费者购买。

4. 售后服务

品牌商需要提供完善的售后服务，包括退换货、维修等，确保消费者的权益得到保障。在直播电商中，品牌商需要积极处理消费者的投诉和问题，维护品牌形象和信誉。

总的来说，品牌商需要与平台、主播等合作方建立良好的合作关系，提升产品质量和服务水平，满足消费者的需求和期望。同时，品牌商也需要不断探索和创新，提升自身竞争力，以适应不断变化的市场环境。

（二）主播/KOL

主播/KOL（Key Opinion Leader）在直播电商产业链中扮演着关键的角色，他们是直播电商的核心驱动力之一。主播通过直播平台与观众进行实时互动，展示商品、推广品牌，并促成购买行为。

1. 主播的作用

（1）内容创作。主播通过自己的创意和专业知识设计直播内容，包括选品、布置场景、设计互动方式等，吸引观众的关注。主播需要具备独特的主播风格和语言表达能力，以吸引和留住观众。

（2）商品展示与推荐。主播通过直播展示商品的特点、性能和使用方法，与观众进行互动交流，解答观众的疑问，提高观众对商品的认知和信任度。主播本身的口碑和推荐对于消费者的购买决策具有重要影响。

（3）流量引导与转化。主播通过直播平台将观众流量转化为购买力。他们利用自己的影响力引导观众进入电商平台或社交媒体平台进行购买。同时，主播也可以通过直播中的互动、限时优惠等方式激发观众的购买欲望。

（4）建立信任关系。主播通过与观众建立长期稳定的互动关系，形成一定的信任基础。这种信任关系有助于提高观众对主播推荐商品的信任度，进而促进购买行为。

（5）社群运营。主播通常拥有自己的粉丝社群，他们在社群中与粉丝互动、分享信息和提供服务。社群运营有助于提高粉丝的忠诚度和参与度，进一步扩大品牌影响力。

（6）合作与供应链管理。主播需要与品牌商、供应链合作伙伴等进行沟通和合作，确保商品的供应和质量。同时，他们也需要管理自己的供应链，确保能够及时交付商品给消费者。

2. 主播的分类

根据不同的分类标准，可以将电商主播划分为不同的类型。以下是常见的电商主播分类方式。

（1）根据主播职能和直播带货优势可以对主播作以下分类。

① 专业主播。主要担任专业导购角色，品牌宣传影响力较弱。他们依托自身的专业性，以导购为主，属于内容营销。

② 网红/自媒体主播。其人设或个性显著，能够丰富直播内容趣味性。

③ 明星/名人主播。其依托强大的曝光度，起到为品牌背书，提高品牌知名度的作用。这类主播以品牌宣传为主。

④ 企业家/总裁主播。其在直播时具有较大的话语权，可决策优惠程度，并且比较了解企业宗旨及产品卖点，为品牌背书，提高用户信任度。

⑤ 政府机构人员主播。政府机构人员具有较强的权威性，号召力强，社会公信力强，主要以"品牌宣传＋导购"为主，助力各地经济发展。

⑥ 虚拟主播。如果商家想要24小时不停歇地直播，传统的人力直播就无法很好地胜任，而虚拟主播可以解决该问题，中途不需要更换主播。这些主播可以是洛天依、乐正绫等虚拟明星，也可以是比较出名的已经签了代言有虚拟肖像权的明星。

（2）根据流量来源和货品来源分类，可以对主播作以下分类（见图1-2）。

① 头部主播。他们居于带货主播群体的顶层，带货能力最强，与商家的议价能力强，优惠力度大。不过这类主播排期满、要求高，而且抽成高。

② 腰部主播。在带货主播群体中，这些主播带货能力尚可、较头部主播合作佣金没有那么高。对于企业而言，他们属于性价比较高的一类主播，比较受企业欢迎。

③ 新晋主播。其多为刚开始进行电商直播的主播，通常没有或仅有较少的直播经验和粉丝基础，这类主播往往合作佣金低。

总的来说，主播在直播电商产业链中发挥着至关重要的作用。他们通过自身的影响力和专业知识，将商品与消费者紧密地连接起来，推动销售转化。随着直播电商的不断发展，主播的角色和影响力将进

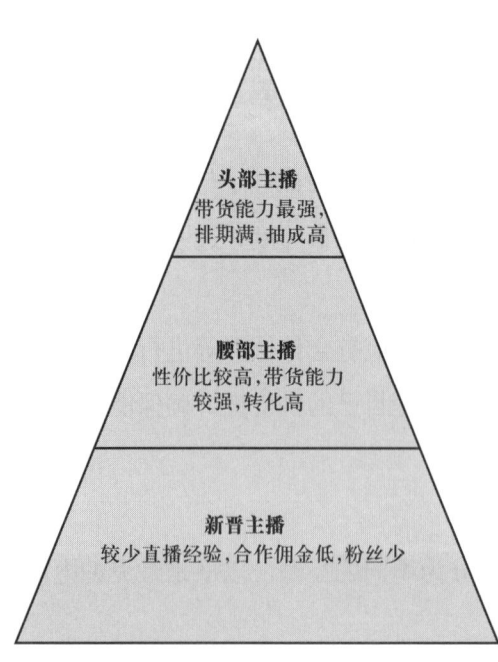

头部主播
带货能力最强，
排期满，抽成高

腰部主播
性价比较高，带货能力
较强，转化高

新晋主播
较少直播经验，合作佣金低，粉丝少

⊙ 图1-2　主播等级划分

一步加强，成为直播电商产业链中的重要环节。

（三）多频道网络（MCN）机构

1. MCN机构含义

MCN（Multi-Channel Network）机构是一种新型的网络媒体运营模式，即多渠道网络机构。它主要负责将多个创作者或内容提供者的内容进行聚合，并通过一个平台进行发布和传播。MCN机构的主要职责是帮助创作者或内容提供者更好地管理自己的内容，并通过与广告商、品牌和电商平台等合作，为创作者或内容提供者带来更多的流量和收益。

2. MCN机构在直播产业链中的角色

MCN机构在直播产业链中扮演着重要的角色。首先，MCN机构负责招募和培养优秀创作者，通过专业的培训和指导，提高创作者的内容创作能力。其次，MCN机构负责授权管理，与创作者签约授权，确保创作者的内容质量和版权安全。此外，MCN机构还负责创作者渠道数据的监测分析，帮助创作者进行数据挖掘和分析，找出潜在的业务增长点。同时，MCN机构协助创作者从多个渠道获取收入，如广告分成、电商分成、内容代理等方式，并按照一定比例对收入进行分成。

3. MCN机构的运作流程

（1）内容策划。根据市场趋势和用户需求，为创作者制定内容创作计划，确定主题、形式和风格等。

（2）内容创作。按照创作计划进行内容创作，作品可以采用短视频、直播等形式。

（3）内容审核。对创作的内容进行审核，确保内容的质量和合规性。

（4）内容推广。将创作的内容通过多个平台进行推广，吸引观众和流量。

（5）数据分析。对推广效果进行监测和分析，不断优化、改进内容创作和推广策略。

4. MCN机构在直播产业链中的作用

（1）招募优质创作者。MCN机构首先会通过线上渠道、线下活动等多种方式积极寻找并吸引优秀的创作者加入。这些创作者可能是在社交媒体上有一定影响力的网红、意见领袖，或是在某一领域具有专业知识和独特视角的内容生产者。

（2）签约与管理。一旦有潜力的创作者加入，MCN 机构会与他们签约，并获得其内容的管理权。这意味着 MCN 机构将负责创作者的渠道管理，包括内容审查、发布策略等。此外，MCN 还会协助创作者优化视频内容，以提高用户体验和吸引力。

（3）内容输出与推广。MCN 机构会组建专业的运营团队，为签约创作者提供持续稳定的内容输出支持。这包括制定内容策略、提供创作灵感、协助拍摄和后期制作等。同时，MCN 还会利用自身的资源和渠道，对创作者的内容进行广泛推广，以吸引更多的流量和粉丝关注。

（4）监测分析与数据挖掘。MCN 机构会通过数据技术，对创作者的渠道数据进行实时监测和分析。这有助于发现潜在的业务增长点，以及优化内容策略。此外，数据挖掘还可以帮助 MCN 机构和创作者更深入地了解观众喜好和市场趋势，从而做出更精准的决策。

（5）商业变现。当创作者的粉丝数量达到一定规模，且内容质量稳定后，MCN 机构会开始考虑商业变现。这通常包括与广告主对接，提供广告植入、品牌合作等多元化变现方式。MCN 机构会根据广告主的需求和创作者的特点，制定合适的合作方案，以实现双赢。

（6）深耕发展与持续服务。除了上述流程，MCN 机构还会根据不同热点方向和创作者特点，将运营团队分成不同小组，分别展开工作。这有助于占据各垂直领域的热点，提升 MCN 机构和创作者的整体竞争力。MCN 机构还会提供持续的服务和支持，包括解决创作者在创作过程中遇到的问题、提供必要的培训和资源等，以确保创作者的持续发展和成功。

总之，MCN 机构在直播产业链中扮演着重要的角色，为创作者提供丰富的支持和服务，帮助创作者更好地管理自己作品的内容，提高创作能力，获取更多的流量和收益，同时为观众带来更多优质的内容和服务。

（四）平台渠道

平台渠道是直播电商产业链中非常重要的环节，主要负责为直播带货提供交易和营销支持。平台渠道主要包括电商平台、内容平台和社交平台等。这些平台为直播带货提供了多元化的交易和营销方式，帮助消费者更加便捷地完成购买决策。

电商平台，如淘宝、京东、拼多多等，是直播带货的主要交易渠道之一。消费者可以在平台上浏览商品、下单支付，并享受完善的售后服务。电商平台为直播带货提供了成熟的交易体系和用户基础。通过与电商平台的合作，主播能够为消费者提供更加便捷的购物体验，提高销售效果。

内容平台，如抖音、快手、B站等也为直播带货提供了重要的交易渠道。这些平台拥有庞大的用户群体和活跃的社交互动，为直播带货提供了广泛的受众基础。通过在内容平台上发布直播内容，主播能够吸引更多的观众关注和参与直播，并引导他们完成购买决策。内容平台通常也提供电商服务功能，如商品橱窗、购物车等，方便消费者进行购买。

社交平台，如微信、微博等也为直播带货提供了交易和营销支持。社交平台具有强大的社交属性和用户黏性，通过在平台上发布直播预告、互动推广等方式，主播能够吸引更多的用户关注和参与直播购物。社交平台还提供丰富的用户数据和社交关系链，帮助主播更好地了解用户需求和购物习惯，制定更有针对性的营销策略。

总体来说，平台渠道能为直播带货提供多元化的交易和营销方式，有助于提升销售效果和用户体验。主播和供应端需要选择适合的平台渠道，并充分利用各平台的优势和资源，与平台方进行合作，共同推动直播带货的发展。

（五）其他服务商

1. 数据服务商

数据服务商的作用在于提供客观、准确的数据支持和分析结果，帮助产业链各环节更好地了解市场和用户需求，优化运营策略，提高销售效果。同时，数据服务商促进了整个直播电商生态的优化和发展。

数据服务商通过收集和分析大量数据，提供以下几方面的服务：

（1）数据监测和分析。数据服务商通过实时监测直播平台的各项数据，包括用户行为、观看时长、互动情况等，分析用户需求和市场趋势，为品牌商和服务商提供决策依据。

（2）用户画像。数据服务商通过对用户数据的挖掘和分析，建立用户画像，帮助品牌商和服务商更好地了解目标用户的特点和喜好，以便对用户精准推送和个性化推荐。

（3）销售效果评估。数据服务商可以对直播带货的销售数据进行跟踪和分析，评估销售效果，帮助品牌商和服务商优化营销策略。

（4）竞品分析。数据服务商可以监测竞品的数据，包括竞品的直播内容、销售数据等，帮助品牌商和服务商了解竞品的运营策略和市场表现，从而调整自己的运营策略。

2. 供应链服务商

供应链服务商主要为直播电商提供商品供应、仓储物流、支付结算以及售后等服务，提高直播电商的运营效率和用户体验，确保直播电商业务的顺利进行。其主要职责包括：

（1）商品供应。供应链服务商需要从供应商处采购商品，确保直播电商有足够的库存和商品供应。同时，供应链服务商需要与供应商建立良好的合作关系，确保商品的质量和供应链的稳定性。

（2）仓储物流。供应链服务商需要提供仓储和物流服务，确保商品能够及时、准确地送达消费者手中。供应链服务商需要建立高效的物流体系，提高配送效率，降低物流成本。

（3）支付结算。供应链服务商需要提供支付和结算服务，帮助直播电商完成与消费者的交易。供应链服务商需要与金融机构建立合作关系，确保交易的安全和便捷。

（4）售后支持。供应链服务商需要提供售后支持服务，处理消费者的退换货请求和投诉等问题。良好的售后支持可以提高消费者的满意度和忠诚度，促进直播电商业务的持续发展。

▶ 知识拓展

电商运营必须具备的基本功

1. 熟悉电商平台的环境和规则

不管哪个电商平台，像淘宝、天猫、京东、拼多多等平台都有其基本规则或规范，还有一些不能触碰的底线。运营技巧和运营策略，都必须在平台规则基础上进行，而且平台规则是随时有可能改变的，运营人员也要随机应变，及时调整相应规划，避免由此产生的风险。有时，一个新规则的出现意味着机遇，抓住它可以得到更好的发展。

2. 熟悉产品

如果运营人员连自己运营的产品都不熟悉，那么就无法确定正确的运营方向，如此就无法谈运营。这就同舵手不熟悉舵盘和航海方向是一样的状况。运营人员要根据各类产品的特性、功能和比较优势等对其做出相应的规划，根据产品投入市场后的数据不断调整后续的运营计划，这样才能产生令人满意的运营效果，降低人力、物力、财力损失。

3. 熟悉各种运营操作

运营操作包括待售商品上下架的时间、方式，如何优化标题，怎么选取关键词，怎么设计主图和详情页等。运营人员可以去各类相关教程提供网站上寻找对应的教学视频，自己尝试着操作。光看不操作和光操作不思考都是行不通的，必须在实践中学习如何灵活应对各类问题。

4. 熟悉各种引流推广渠道

流量是店铺运营的重中之重，运营人员必须熟悉各种引流推广渠道，知道店铺或产品适合何种推广渠道，哪种推广渠道能带来更健康、更有价值的流量，同时要注意这种推广渠道的"性价比"。

5. 熟悉各种运营工具

运营工具种类多样，比如在淘宝平台，生意参谋怎么看，直通车怎么操作，如何制定计划，单品宝、优惠券怎么设置，这些都需要运营人员掌握。"工欲善其事，必先利其器"，运营人员可以通过各种工具辅助自己的工作，做到事半功倍。

6. 熟悉数据分析

数据是店铺运营中一个极为重要的因素，一定要学会看数据，如店铺访客数、各类流量变化、店铺成交金额、支付转化率、店铺层级、行业大盘、流量流失情况等。运营人员要关注的是店铺数据变化是否在正常范围内，如果出现异常，就要及时调整运营计划，这就是需要具备"复盘"能力。做到数据入表，这其实是要学会在数据变化之中感受市场背后的规律。

 **技能训练**

一、分析直播电商的优势与挑战

（一）直播电商的优势

1. 实时互动

消费者可以与主播或其他观众进行实时交流，提问、咨询商品信息，获得更真实、直观的购物体验。

2. 信任建立

通过主播的个人形象和口碑来推销商品，消费者更容易建立起对主播和商品的信任感。

3. 全面展示商品

直播可以实现商品的全面展示，使消费者更准确地判断商品是否满足自己的需求。

4. 高性价比

直播电商通常能提供更多的优惠和促销活动，消费者可以买到性价比更高的商品。

（二）直播电商的挑战

1. 内容质量参差不齐

部分直播内容存在夸大宣传、虚假宣传等问题，影响消费者的购物体验。

2. 竞争激烈

越来越多的企业和个体商户进入直播电商市场，竞争变得越来越激烈。

3. 用户黏性低

用户可以轻易地在不同直播间进行切换，商家需要提高用户留存率。

4. 监管问题

对于商品的质量、主播的资质等难以进行有效的监管。

5. 技术问题

网络延迟、画质清晰度、音频质量等技术问题可能影响消费者的购物体验。

（三）应对策略与建议

1. 提高内容质量

确保直播内容的真实性和专业性，避免夸大宣传和虚假宣传。

2. 增强用户黏性

通过推出优质产品、举办促销活动等方式提高用户留存率。

3. 加强监管

建立有效的监管机制，确保商品质量和主播资质符合要求。

4. 解决技术问题

优化网络环境，提高画质和音频质量，确保消费者有良好的购物体验。

5. 持续创新

不断探索新的直播形式和营销策略，以满足消费者的需求和应对市场的变化。

通过了解直播电商的优势、挑战及其应对策略，消费者可以更好地理解这一新型购物方式的特点和规律，从而作出更明智的购物决策。而商家则可以发现自身在市场竞争中的优势和不足，制定出更具针对性的营销策略，以获得更好的发展。

二、了解不同类型直播电商平台及其特点

直播电商领域存在多种类型的平台，每种平台都有其独特的特点和优势。了解这些不同类型的平台有助于更好地理解直播电商的全貌，并为商家和消费者提供有针对性的建议。

（一）综合类平台

综合类平台通常拥有庞大的用户基础和丰富的互动功能。它们为用户提供一站式的购物体验。这类平台有如下特点：

1. 用户基数大，黏性高

由于综合类平台通常已经积累了大量的注册用户，因此商家可以在这些平台上接触到更广泛的潜在消费者。

2. 产品多，市场覆盖广

综合类平台提供丰富的商品选择，满足不同消费者的需求。

3. 直播主体多元化，直播场景丰富

除了商家，个人、明星、网红等都可以在综合类平台上进行直播销售，这提供了多样的直播内容和场景。

示例平台有淘宝、京东、苏宁、拼多多等。

（二）垂直类平台

垂直类平台专注于某一特定领域或用户群体，如时尚、美妆、母婴等。垂直类平台有以下特点：

1. 专业性强

垂直类平台专注于某一特定领域，因此商品品质和内容质量通常更有保障。

2. 用户群体明确

由于定位明确，垂直类平台往往能够吸引并保留对该领域感兴趣的消费者。

3. 转化率高

由于用户需求明确，因此该类平台直播销售的转化率通常较高。

示例平台有蘑菇街、唯品会、聚美优品等。

（三）社交类平台

社交类平台以社交属性为核心，用户可以在平台上交流购物心得、分享穿搭经验等。这类平台通常以短视频或直播的形式展示商品，通过社交媒体的影响力和用户之间的互动来推广商品。社交类平台有以下特点：

1. 社交属性明显

社交化的购物体验是社交类平台的核心特征，用户可以在观看直播的同时与其他用户互动，这也是商品推广的一个过程。

2. 内容多样化

除了商品销售，社交类平台还可能包含生活分享、知识传授等内容。

3. 主播与粉丝关系紧密

社交类平台上的主播通常与粉丝建立紧密的关系，有利于提高粉丝的忠诚度和购买意愿。

示例平台有微信小程序直播、抖音、快手等。

（四）电商直播间

电商直播间是电商平台内嵌的直播平台，通常品牌商家在商品详情页或店铺内直接进行直播销售。电商直播间具有以下特点：

1. 商品展示直观

电商直播间允许商家直接在商品页面进行直播，消费者可以更直观地了解商品的特点和功能。

2. 实时互动性强

在电商直播间，消费者可以实时提问、评论，与主播和其他观众进行互动。

3. 促销活动多

电商直播间经常配合促销活动进行直播销售，为消费者提供更多的优惠和福利。

示例平台有淘宝直播、京东直播等。

总结以上平台的不同特征，不同类型的直播电商平台各有优势，商家可以根据自身需求和目标受众选择合适的平台进行直播销售。而消费者可以根据自己的购物需求和兴趣选择合适的平台进行观看和互动。通过了解不同类型的平台及其特点，可以更好地把握直播电商的发展趋势和其中的机遇。

三、调研并报告直播电商的市场现状

（一）撰写调研报告的步骤

1. 明确调研目的和问题

在撰写调研报告之前，首先需要明确调研的目的和问题。考虑希望通过这次调研解决什么问题，以及调研的目标受众是谁。

2. 进行调研

（1）设计调研方案。根据调研目的和问题，制定相应的调研方案，包括调研方法、调研对象、调研内容等。

（2）收集数据。根据调研方案，通过问卷调查、访谈、观察等方式收集相关数据。

（3）分析数据。对收集到的数据进行整理、统计和分析，提取有用的信息。

3. 撰写报告

撰写报告主要有以下 5 个步骤：

（1）撰写引言。这部分内容交代调研的目的、背景和意义。

（2）描述方法。这部分内容简要说明采用的调研方法和数据来源。

（3）呈现结果。这部分内容根据分析结果，以图文并茂的方式展示调研结果。

（4）讨论发现。这部分内容对调研结果进行深入分析和解读，探讨出现这样的结果背后可能的原因和意义。

（5）总结建议。这部分内容总结调研的主要发现，提出相应的建议和展望。

4. 审核与修改

在撰写过程中，不断进行审核和修改是必不可少的步骤。这包括检查数据的准确性和可靠性，分析结果的合理性，以及调整报告的表述以保证行文清晰、简洁。此外，可以邀请同行或专家进行审阅，以获取更多的意见和建议。

5. 发布与分享

完成调研报告后，可以选择合适的渠道进行发布和分享。可以通过公司网站、电子邮件、社交媒体等方式，也可以考虑发表在学术期刊或行业杂志上。通过分享调研结果，可以为相关领域的研究和实践提供有价值的参考。

（二）调研报告撰写注意事项

撰写直播电商行业调研报告时，需要注意以下几个方面。

1. 调研目的和问题要明确

调研的目的和问题一定要明确，并确定报告的主题和目标。

2. 数据收集要全面准确

调研的数据是报告的基础，因此要确保数据的全面性和准确性。所以，要选择合适的调研方法，如问卷调查、访谈、观察等，并注意数据的收集和处理。

3. 数据分析要深入

在报告中，不仅要呈现数据，还要对数据科学地进行分析和解读。深入分析数据背后的原因和生成逻辑，才能正确地分析数据，得出结论和原因。

4. 逻辑结构要清晰

报告的逻辑结构要清晰，包括上文所述的引言、方法、结果、讨论和建议等部分。各部分之间要有良好的过渡和衔接，确保报告的连贯性和完整性。

5. 数据可视化

为了更好地呈现数据和结果，可以使用图表等可视化工具。通过图表，可以直观地展示数据的变化趋势和关系。

6. 报告要客观公正

在撰写报告时，要保持客观公正的态度，避免主观臆断和偏见。要尊重事实，对数据进行客观的分析和解读。

7. 语言要简洁明了

报告的语言要简洁明了，避免过多的专业术语和繁复晦涩的表达。要使用易于理解的语言，确保报告的可读性和易读性。

8. 进行审核与修改

完成报告后，要对报告进行仔细的审核和修改。一般而言，我们需要检查报告的逻辑、数据、语言等方面是否存在问题，并对错误或不足之处进行必要的修改和完善。

9. 提供结论和建议

在报告的结尾，要给出明确、具体的结论和可行的建议。结论是对调研结果的总结和概括，建议则是针对调研结果提出的具体措施和方案。

10. 注明引用参考文献

在报告中引用的数据、观点等需要注明来源和参考文献。这有助于保证报告的学术性和可信度。

（三）调研报告样例

直播电商市场现状调研报告（样例）

一、引言

随着互联网技术的不断发展和普及，直播电商作为一种新兴的电商模式，正逐渐改变着消费者的购物习惯。本报告旨在全面分析直播电商市场的现状，为教材内容提供详细的市场背景资料。

二、市场概述

（一）市场规模

近年来，直播电商市场规模持续扩大。202×年中国直播电商市场规模达到××亿元，预计到202N年将增长至××亿元，年复合增长率达到××%……

（二）增长驱动因素

技术进步、消费者行为改变、品牌营销策略调整等是推动直播电商市场增长的主要因素……

（三）地域分布

目前，中国是全球最大的直播电商市场，其他国家和地区也在迅速发展……

三、竞争分析

（一）市场份额

在直播电商市场中，市场份额往往集中在几个头部平台。例如，淘宝、京东和拼多多等传统电商平台凭借其庞大的用户基础和成熟的供应链体系占据了较大的市场份额。同时，新兴的社交平台如抖音、快手等，通过其强大的社交网络和内容生态，也在迅速扩大其市场份额……

（二）优势分析

1. 电商平台

传统电商平台的优势在于其完善的物流体系、成熟的支付解决方案和丰富的商品种类……

2. 社交平台

社交平台的优势在于其庞大的用户基础和高用户黏性，能够快速聚集人气，实现流量变现……

3．主播个人品牌

知名主播凭借其个人魅力和专业能力，能够吸引大量忠实粉丝，形成强大的销售力……

（三）劣势分析

1．电商平台

电商平台可能面临用户疲劳和平台同质化的问题，需要不断创新以维持用户兴趣……

2．社交平台

虽然用户基数大，但社交平台的转化率可能不如专业电商平台，需要进一步优化电商功能和用户体验……

3．主播个人品牌

过度依赖个人品牌可能导致风险集中，一旦主播形象受损，将直接影响销售业绩……

（四）竞争策略

1．加强内容创新

各平台需要通过创新的内容形式和互动方式，提高用户参与度和观看体验……

2．优化供应链管理

确保商品品质和供应链效率，提升用户满意度……

3．强化主播培养

通过系统化的培训和选拔机制，提升主播的专业能力和品牌形象……

四、用户分析

（一）用户画像

直播电商用户主要以年轻人为主，特别是"90后""00后"。他们注重个性化和体验感，愿意通过直播了解商品，并参与互动……

（二）观看习惯

用户通常在晚上和周末观看直播电商的时间较多。同时，随着移动设备的普及，移动端观看已成为主流……

（三）购买决策过程

用户在观看直播时，会受到主播推荐、产品展示和优惠活动等因素的影响，进而产生购买决策……

五、行业挑战与机遇

（一）挑战

商品品质参差不齐、主播素质不一、消费者权益保障等问题是直播电商面临的挑战。同时，法律法规的缺失和监管不力制约着市场的健康发展……

（二）机遇

随着 5G 技术的普及和 AI 技术的发展，直播电商将迎来更多的发展机遇。随着通信技术的不断发展，高速度、低延时等特点将为直播电商提供更好的画质和流畅度，提升用户体验。而 AI 技术则可以帮助主播进行智能推荐和个性化营销，提高销售转化率。

随着用户付费意愿的提高和付费模式的多样化，直播电商的商业模式也将更加丰富。例如，付费直播、会员特权等模式将为用户提供更多样化的选择。此外，技术的不断创新也将为直播电商带来更多的发展机遇。同时，大数据和人工智能技术的应用也将帮助电商平台更好地理解用户需求和行为，提升用户体验和购物转化率。

在未来发展中，直播电商还需不断加强商品品质的监管和提高服务质量，建立完善的售后服务体系和消费者权益保障机制。内外部监管中也要加强行业自律和法律法规的制定与执行，推动行业的健康和可持续发展……

六、未来预测与发展趋势

（一）市场走向

1. 用户规模增长

随着互联网的进一步普及和年轻一代消费能力的增强，直播电商的用户规模预计将持续增长……

2. 市场细分化

市场将进一步细分，满足不同用户群体的特定需求，如垂直领域的专业直播……

（二）技术发展

1. 5G 和 AI

5G 技术的普及将带来更流畅的直播体验，而 AI 技术的应用将实现更精准的用户行为分析和个性化推荐……

2. AR/VR 技术

增强现实（AR）和虚拟现实（VR）技术的发展将为直播电商带来全新的互动体验和展示方式……

（三）商业模式创新

1. 社交电商融合

直播电商将进一步与社交媒体融合，利用社交网络的传播力，提高品牌影响力……

2. 跨界合作

品牌与主播、明星等的跨界合作将成为常态，共同打造独特的直播内容和营销活动……

（四）监管和法规

1. 加强监管

随着市场的快速发展，预计会有更多针对性的监管政策出台，以规范市场秩序……

2. 法律法规完善

直播电商的法律法规将不断完善，以保护消费者权益和促进市场的健康发展……

（五）消费者行为变化

1. 品质和体验

消费者将更加注重商品的品质和购物体验，对直播电商提出更高的要求……

2. 个性化需求

个性化和定制化的商品需求将日益增长，推动直播电商向更加个性化的方向发展……

素养园地

直播电商中的社会责任与道德担当

在互联网技术日新月异的时代，直播电商作为一种融合互联网技术与现代商业模式的新业态，正以其独特的魅力吸引着越来越多的消费者。然而，直播电商繁荣的背后，也不乏一些缺乏社会责任与道德担当的行为，它们给行业健康发展带来了挑战。

例如，某直播平台上一场关于农产品的直播活动吸引了大量观众。主播热情洋溢地介绍着各种农产品的优点和特色，观众纷纷下单购买，希望能够品尝到新鲜、健康的农产品。然而，在直播活动结束后不久，就有观众反映收到的农产品与直播中展示的严重不符，存在质量问题。一些观众甚至表示，他们在收到货物后发现农产品已经过期。此事迅速在网络上引发广泛关注，消费者对直播电商的信任度受到严重打击。经调查，此次事件是该场直播的主播为了追求更高的销售量和利益，与不良商家勾结，故意夸大农产品质量，隐瞒产品真实情况。

这种行为不仅严重违背了商业道德和社会责任，损害了消费者的权益，也破坏了直播电商行业的诚信基础。这一事件凸显了直播电商中社会责任与道德担当的重要性。主播、商家和直播平台都应该秉持诚信原则，真实、准确地介绍产品，严格把关产品质量，确保消费者的权益不受侵害。政府部门也应加强对直播电商行业的监管，建立健全相关法律法规，为行业的健康发展提供有力保障。这一案例提醒我们在追求经济利益的同时，不能忽视社会责任和道德担当。只有坚守诚信原则，积极履行社会责任，才能实现直播电商行业的可持续发展。

 项目习题

（一）单项选择题

1. 直播电商主要依赖（　　）进行商品推广和销售。

　　A. 电视广告　　　　　　　　　　　　B. 社交媒体

C. 直播视频   D. 报纸杂志

2. 在直播电商的产业链中，MCN 机构主要承担的角色是（　　　）。

    A. 商品生产   B. 直播销售

    C. 内容创作与管理   D. 物流配送

3. 直播电商相较于传统电商的优势不包括（　　　）。

    A. 实时互动性强   B. 用户黏性度高

    C. 价格更昂贵   D. 转化率高

4. 不属于直播电商平台的类型是（　　　）。

    A. 综合类平台   B. 垂直类平台

    C. 电视购物平台   D. 社交类平台

5. 撰写调研报告的第一步是（　　　）。

    A. 进行调研   B. 明确调研目的和问题

    C. 撰写报告   D. 审核与修改

（二）多项选择题

1. 直播电商的特点包括（　　　）。

    A. 实时性   B. 互动性

    C. 娱乐性   D. 高效性

2. 直播电商产业链中的"其他服务商"可能包括（　　　）。

    A. 数据服务商   B. 供应链服务商

    C. 物流公司   D. 内容创作机构

3. 直播电商面临的挑战有（　　　）。

    A. 商品质量难以保证   B. 直播内容同质化严重

    C. 用户黏性度低   D. 法律法规不完善

4. 调研报告撰写过程中需要注意（　　　）。

    A. 数据真实可靠   B. 分析深入透彻

    C. 结论明确具体   D. 排版美观大方

5. 直播电商平台可以根据（　　　）维度进行分类。

    A. 平台规模   B. 商品类型

    C. 流量来源   D. 业务模式

（三）判断题

1. 直播电商是通过直播视频形式进行商品推广和销售的一种新型电商模式。

（ ）

2. 直播电商的兴起与传统电商的衰落有直接关系。 （ ）

3. 在直播电商中，主播的职能仅限于在镜头前展示和介绍商品。 （ ）

4. 直播电商的市场调研报告应该包含对竞争对手的分析。 （ ）

5. 直播电商的未来发展趋势是将完全取代传统电商。 （ ）

（四）案例分析题

【案例背景】

某知名化妆品品牌近年来面临市场竞争加剧、传统销售渠道增长乏力的困境。为打破僵局，该品牌决定尝试直播电商这一新兴推广渠道。通过与热门主播合作，该品牌在直播平台上进行了一系列新品推广活动。

在直播过程中，主播不仅展示了产品的外观、质地和使用效果，还详细介绍了产品的成分、功效和适用人群。主播还与观众进行实时互动，回答观众的问题，解决他们的疑虑。这种实时、互动、生动的推广方式吸引了大量观众驻足观看，并有效提升了该品牌的知名度和美誉度。

通过直播电商平台，该品牌不仅实现了销售额的快速增长，还成功拓展了新的用户群体。该品牌同时面临着一些挑战：如何保证产品质量，如何提升用户体验，如何应对竞争对手的模仿和跟进等。

请结合案例，思考并回答下面问题。

1. 该化妆品品牌选择直播电商作为推广渠道的原因是什么？请结合直播电商的特点和优势进行分析。

2. 在直播电商推广过程中，主播扮演了怎样的角色？他们如何帮助品牌实现推广目标？请结合实际进行分析。

3. 该品牌在直播电商推广中面临了哪些挑战？请结合实际情况进行分析，并提出相应的应对策略。

4. 结合该案例，你认为直播电商在未来的发展趋势中可能会扮演怎样的角色？品牌应如何利用直播电商来提升自身的竞争力和市场份额？

项目实训

（一）实训目标

（1）掌握直播电商的基础知识。

（2）能够进行初步的行业分析。

（3）培养实际操作和问题解决的能力。

（二）实训任务

撰写一份关于某一区域直播电商行业的分析报告。

（三）实训背景

近年来，随着智能手机和移动互联网的普及，直播电商行业迅速崛起。某知名电商平台率先推出了直播电商功能，通过邀请知名主播进行实时直播销售，吸引了大量用户的关注和参与。这一新兴的电商模式为商家提供了一种新的营销和销售渠道，同时为消费者带来了更为直观、互动的购物体验。

在这一背景下，越来越多的商家和个人涌入直播电商行业，竞争愈发激烈。为了在众多竞争对手中脱颖而出，商家需要不断创新和优化直播内容，提高产品质量和服务水平，以满足消费者的需求和期望。同时，商家需要掌握有效的营销策略和推广手段，以扩大品牌知名度和影响力。

在这个过程中，直播电商行业也面临着一些挑战和问题。例如，直播内容的质量参差不齐，部分商家存在虚假宣传，产品质量不过关等。此外，随着用户需求和消费习惯的变化，商家需要不断调整和优化直播策略，以适应市场的变化和竞争。

（四）实训内容

（1）收集关于直播电商行业的相关资料和数据。

（2）分析直播电商行业的现状和趋势。

（3）评估直播电商行业的机会和挑战。

（4）撰写一份关于直播电商行业的分析报告。

（五）成果展示

每个小组选派一名代表，以演示文稿（PPT）的形式向全班展示实训成果。展示内容应包括：行业概述、竞争分析、用户分析、行业挑战与机遇、未来预测与发展趋势等部分。展示过程中，应注重数据和事实的呈现，尽可能使用图表、数据等可视化工具来增强说服力。同时，鼓励其他同学提问和互动，共同探讨行业发展的热点问题。

（六）实训指导

1. 行业报告撰写框架（见表 1-2）

⊙ **表 1-2　行业报告撰写要求**

步骤	主要内容
引言	简要介绍直播电商的概念和背景
行业概述	包括行业规模、主要参与者和行业趋势
竞争分析	主要竞争对手的市场份额、优势和劣势
用户分析	目标受众的特点、消费习惯和需求
行业挑战与机遇	分析当前行业面临的主要问题，以及可能的增长机会
未来预测与发展趋势	基于数据和趋势，预测未来的市场走向和变化

2. 数据收集与分析

建议使用权威的行业报告、市场研究公司数据或官方统计数据来支持分析，也可以通过搜索引擎、行业论坛、社交媒体等渠道获取更多相关信息。对于得到的数据，使用数据分析工具（如 Excel、Tableau 等）进行整理和可视化，以更直观地展示市场情况。

项目二

直播电商团队管理

【知识目标】

▶ 了解直播电商团队的基本构成与职责。

▶ 掌握团队建设与管理的基本理论和方法。

▶ 理解直播电商团队中各角色的定位与协作方式。

【能力目标】

▶ 能够根据业务需求组建直播电商团队，合理分配角色与职责。

▶ 能够制定并执行团队的日常工作计划和任务分配。

▶ 能够解决团队内部沟通与协作中的问题，提高工作效率。

▶ 能够进行有效的团队激励与管理，提升团队整体绩效。

【素养目标】

▶ 培养团队合作精神，促进团队成员之间的互信与支持。

▶ 强化职业道德意识，确保团队成员遵守行业规范与法律法规。

▶ 提升领导力，以良好的管理风格带领团队共同成长。

▶ 培养创新意识，鼓励团队成员积极提出创新建议与方案。

案例导入

驰风电商网络科技有限公司在直播运营方面取得了较好的成效。该企业的直播运营团队由市场营销、销售、客户服务等部门组成，共计15人。这些团队成员都具有相关专业背景和经验，并且具有良好的沟通和协作能力。

该企业在组建直播运营团队之前，明确了团队的目标和使命，即提高品牌知名度和销售额。在选择人才方面，该企业注重人员的专业背景和经验，同时注重人员的沟通和协作能力。

在建立内部协作机制方面，该企业注重对团队成员的培训、沟通和协作管理，同时建立了有效的绩效考核机制，以激发团队成员的积极性和创造力。

在持续优化运营策略方面，该企业定期对运营策略进行评估和调整，并根据实际效果进行优化。该企业还关注用户反馈和市场数据，以便及时了解市场动态和用户需求。

通过以上努力，驰风科技在直播电商运营方面取得了较好的成效。其直播销售额和品牌知名度均得到了显著提升，同时获得了用户的好评和口碑。

直播电商运营是一种新兴的营销方式，它可以为企业带来更多的曝光度和销售额。在组建直播电商运营团队之前，企业需要明确团队的目标和使命，选择具有相关专业背景和经验的人才，建立良好的内部协作机制，持续优化运营策略。只有这样，企业才能在直播电商运营方面取得较好的成效。

 知识准备

一、直播电商团队的岗位设置、组织架构与人员配置

（一）直播电商团队的岗位设置

直播电商作为新的电商形态，具有实时性、交互性、内容化、社交化、碎片化

等特征。专业公司通常是专人专岗，直播电商团队成员间有清晰的分工合作流程，直播电商的一般岗位设置如下。

1. 主播岗位

主播是直播团队的核心，主要负责在直播中展示产品、互动交流，以及掌控直播氛围。主播需要具备良好的沟通技巧、表达能力、形象气质，并且对所直播的产品有深入的了解和体验。为了持续产出稳定且高质量的直播内容，一个成熟的直播团队通常会有多位主播，以应对不同的直播需求和节目类型。

主播的岗位职责、技能要求、素质要求具体如表2-1所示。

◉ 表2-1　主播岗位任职要求

岗位职责	技能要求	素质要求
☆ 负责完成整场直播主持，是直播间主要角色 ☆ 熟练掌握直播相关话术，能在直播不同环节中进行话术的调整 ☆ 具备销售心理学基础知识，能及时预判销售机会，能及时完成观看者转粉和销售转化 ☆ 熟悉整个直播流程的策划，能与辅播及运营人员进行良好配合，了解直播不同环节的侧重点，能控制直播间节奏 ☆ 参与运营团队选品策划，了解用户喜好，善于从用户角度生成直播电商选品逻辑，熟悉选品匹配度 ☆ 能保持稳定的开播时间，能保证一定的开播量，例如一般每月至少直播20天，每天至少4小时	☆ 基础能力：口头表达能力流利，熟练掌握产品相关知识，能熟练进行产品介绍，对产品卖点敏感，有熟练的销售技巧 ☆ 状态要求：敢于在镜头面前进行表达和表演，并能接受长期稳定的开播时长 ☆ 心态要求：敢于面对直播过程中用户的争议或坦然面对用户的尖锐提问，具备一定的控场和应变能力 ☆ 其他要求：有良好的形象或有其他表演才艺等加分项（如歌唱、舞蹈或其他专业才艺）；具备良好的个人素养，能在直播过程中保持饱满的精神状态，具备一定的心理承受能力，能控制负面情绪	☆ 具备较高的思想素质和良好的道德素养、人文素养、科学素养及职业素养 ☆ 具备较高的网络文明素养、电子商务诚信与信用素养、信息安全与保密素养 ☆ 具备良好的人际沟通素质和团队合作素质 ☆ 具备基本的创新精神及创业意识

2. 内容策划岗位

内容策划人员负责策划、设计和制作直播内容，包括主题选定、节目流程、互动环节等。他们需要关注行业动态、观众需求，并以此为依据制定直播内容策略。同时，内容策划人员还要负责撰写直播脚本，为主播提供清晰、准确的信息。为了确保内容的丰富性和多样性，内容策划团队应具备创新思维和敏锐的市场洞察力。

内容策划的岗位职责、技能要求、素质要求具体见表2-2。

● 表2-2　内容策划岗位任职要求

岗位职责	技能要求	素质要求
☆ 负责直播电商的整体统筹和执行，能匹配主播人设定位 ☆ 熟悉掌握各个不同直播平台的特点及优劣势，能根据直播内容及产品选择合适的平台 ☆ 熟悉掌握直播电商的策划操作，能策划直播流程并保证规范 ☆ 熟悉供应链的相关专业知识，能确定选品操作规范 ☆ 具备数据分析能力，能分析平台数据，及时调整直播的策划及优化选品	☆ 基础能力：良好的观察能力，注重细节，执行能力强 ☆ 状态要求：有内部资源沟通和协调能力，能判断对直播最有价值的资源 ☆ 实践要求：熟悉平台规则，具备内容策划能力，能根据产品策划直播活动 ☆ 其他要求：熟悉产品供应链，能根据选品及时调整定价及内容策划	☆ 具有多个电商岗位实践经验，具备较强的管理能力 ☆ 良好的职业素养和抗压能力，适应直播电商高密度工作节奏 ☆ 良好的个人素养，善于总结问题并自我调整 ☆ 良好的自我学习能力，具有创新素质

3. 运营推广岗位

运营推广岗位通常是指在电商直播中负责产品或服务的推广和运营的职位。运营推广人员的主要职责是主要通过设计活动和制定推广策略，提高品牌知名度、增强用户在线体验，吸引潜在客户、增加销售额、优化运营流程，并确保电商平台的高效运作。

运营推广人员负责直播活动的宣传、推广和运营工作。他们需要根据目标受众的特点，制定有效的推广策略，利用各种社交媒体平台、广告渠道等将直播活动传递给潜在观众。运营推广人员还要负责直播活动的现场布置、广告投放、团队协作、直播复盘等。

运营的岗位职责、技能要求、素质要求具体见表2-3。

4. 场控（中控）岗位

直播团队里的场控（中控）岗位主要负责调试设备、设置软件、操作后台、监测直播情况等。例如，开播前调试设备是否正常；开播后配合主播设置产品秒杀改价、优惠活动、产品讲解等，还有监测数据等相关工作。该岗位的人员要时刻关注直播台前的指令，配合主播进行操作。

场控（中控）人员的岗位职责、技能要求、素质要求具体见表2-4。

◉ 表2-3 运营岗位任职要求

岗位职责	技能要求	素质要求
☆ 负责直播业务运营工作，对直播效果、运营数据、目标业绩负责 ☆ 负责直播的内容建设，引导主播直播氛围和影响力 ☆ 负责运营平台的对接与关系维护，丰富渠道资源，增强与外部机构合作 ☆ 提炼、整理、包装有价值的优质内容，组织策划热点话题，策划活动、主题，打造优质主播或红人	☆ 基础能力：有良好的团队协作能力，思维敏捷，工作效率高，抗压性和组织能力强 ☆ 状态要求：热爱直播行业，熟悉直播规则，对直播行业形态有清晰认知 ☆ 经验要求：有互联网或传媒行业内容或直播产品运营经验 ☆ 其他要求：视角独特，思维活跃，拥有别出心裁的创意	☆ 工作认真负责，具有良好的沟通能力、组织能力、责任心强 ☆ 工作积极主动，有团队合作精神，有耐心，有一定团队管理经验 ☆ 工作细致认真、谨慎，条理性强

◉ 表2-4 场控（中控）岗位任职要求

岗位职责	技能要求	素质要求
☆ 负责现场秩序、安全和卫生等方面的管理，确保直播过程顺利进行 ☆ 协助主播进行节目策划、演出和互动环节，提供必要的技术支持和指导 ☆ 负责观众互动环节的组织和调度，包括送礼物、弹幕互动、抽奖等环节 ☆ 对直播设备进行监控和维护，确保直播画面和声音质量稳定 ☆ 对网络进行监控和维护，确保直播信号畅通无阻 ☆ 对直播数据进行统计和分析，为后续的直播策略和决策提供参考	☆ 基础能力：具有良好的现场管理与调度能力、团队协作能力、沟通协调能力、抗压性和动手能力强 ☆ 实践要求：熟悉直播平台及硬件，具备直播设备监控维修技能和网络维护技能 ☆ 其他要求：具备对电商直播平台进行数据统计分析的技能	☆ 具备较强的心理素质，能够承受一定的工作压力和工作强度，保持良好的工作状态 ☆ 即时应变，思维敏捷，能够及时处理直播间的突发状况 ☆ 反应迅速，具有良好的语言表达能力和亲和力，具备良好的服务意识及团队精神

5. 客户服务岗位

客户服务岗位负责处理观众的咨询、投诉等反馈信息，提升观众的满意度和忠诚度。他们需要具备良好的沟通能力和服务意识，能够及时回应观众的需求，并为其提供满意的解决方案。为了提高客户服务质量，客户服务人员需要定期收集和分析观众反馈，以便不断优化服务。

客服的岗位职责、技能要求、素质要求具体见表2-5。

◉ **表2-5 客服岗位任职要求**

岗位职责	技能要求	素质要求
☆ 负责收集客户信息，了解并分析客户需求，规划客户服务方案 ☆ 熟悉商品信息，能掌握沟通技巧，正确解释并描述直播产品属性 ☆ 负责进行有效的客户管理和沟通，了解客户期望值，跟进回访客户，提高服务升级，负责发展维护良好的客户关系 ☆ 负责产品电子商务相关数据收集和维护	☆ 基础能力：接待客户热情大方，细心周到，能积极主动帮助客户解决任何销售问题 ☆ 状态要求：工作主动热情，仔细耐心，能持续保持高效工作状态 ☆ 实践要求：打字输入速度快，能同时处理多人的在线咨询，并能及时正确地做好备注工作	☆ 具有高度的工作责任心；思维灵活，沟通能力强，有良好的应变能力 ☆ 熟悉各大直播平台的买卖操作流程 ☆ 能熟练解答客户提问，推介产品，促进销售订单生成等相关流程

（二）直播电商团队的组织架构

1. 直播电商团队组织的主要类型与架构

（1）个人直播电商运营团队。个人直播团队作为整个电商直播组织架构中的一环，虽实力单薄，但不可或缺。可以说在没有机构和供应链介入之前，电商直播的发展都是从个人直播而来的。发展到如今，个人直播团队的存续难度日渐上升，许多主播都转入商家或 MCN 机构等平台。个人直播电商运营团队主要由策划团队、主播团队和运营团队构成，具体分工和职责如下（见图2-1）：

① 策划团队。编导负责编写直播脚本等工作。场控负责操作直播中控台、控制直播间节奏等工作。

② 主播团队。主播负责进行正常直播、介绍产品信息、展示产品、与粉丝

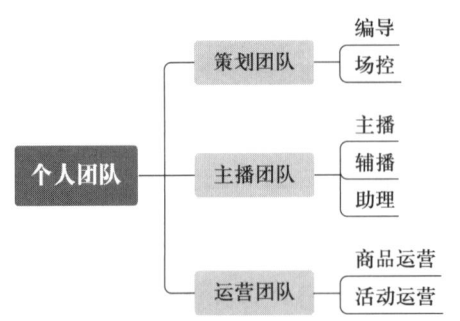

◉ **图2-1 个人直播电商运营团队组织架构图**

互动、进行活动介绍、复盘直播内容等工作。辅播负责协助主播直播、与主播进行配合、直播间规则说明等工作。助理负责配合直播间所有现场工作、灯光设备调试、商品摆放等工作。

③ 运营团队。商品运营负责商品的提供、挖掘产品卖点、产品知识培训、商品的优化等工作。活动运营负责搜集活动信息、活动执行等工作。

（2）商家直播电商运营团队。电商直播的浪潮来势迅猛，在机构和个人主播团队迅速占据半壁江山的情况下，很多商家并没有意识到他们现在就站在风口浪尖的位置观望，而停滞不前等于错失时机。商家不应该对此无动于衷，甘愿被动地合作，而应该选择主动出击，迅速构建自己的直播团队。商家直播电商运营团队的组织架构图如图 2-2 所示。

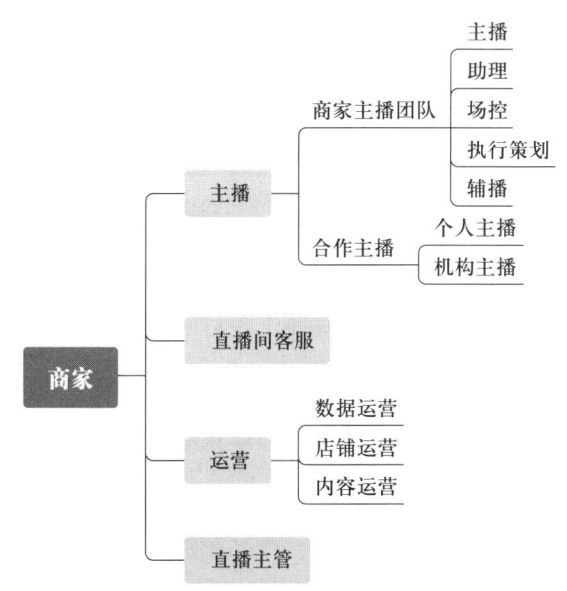

⊙ 图 2-2　商家直播电商运营团队组织架构图

① 主播。商家直播电商运营团队中的主播可以分为商家主播团队和合作主播：

a. 商家主播团队。主播负责店铺日常直播、商品讲解、模特、销售、品牌形象建立等工作。助理负责配合直播间所有现场工作。场控负责配合直播中控台、红包发放、产品上架、活动报名等工作。执行策划负责主播培训、脚本策划等工作。辅播是主播在直播间的搭档，主要开展配合主播、防止冷场、孵化新主播等工作。

b. 合作主播。合作主播中，个人主播负责一些活动性直播、品牌塑造性直播等工作。机构主播负责内容跟合作个人主播的功能差不多，不同在于某些机构有更专业的主播资源或明星类主播。

② 直播间客服。直播间客服负责直播间互动答疑、直播间配合主播、售后发货问题等工作。

③ 运营。商家直播电商运营团队中的运营团队一般有如下几类：

a. 数据运营。负责直播数据监测、分析优化方案等工作。

b. 店铺运营。负责配合直播的店铺相关运营工作等工作。

c. 内容运营。负责直播前后的内容宣传、造势、运营等工作。

④ 直播主管。直播主管负责主播的日常管理、招聘、培训、心理辅导等工作。

（3）MCN 直播电商运营团队。MCN 直播电商运营团队是专注于直播电商领域的专业团队，它们通常为网红、主播或内容创作者提供全方位的服务和支持，以实现商业变现和品牌推广，承担了孵化网红、制作内容、合作供应链等多项职责，其服务更全面、专业，是直播电商经济规模化不可缺的重要角色，主要有直播业务、淘 Live & PGC 业务和直播商家业务。

① 直播业务。其中，主要的岗位分工与具体事务如下：

a. 星探（招募），负责主播的招聘、考核、管理、培训等工作。

b. 直播部，其中的场控负责配合直播中控台、优惠发放、产品上架、活动报名等工作；主播负责进行正常直播、介绍产品信息、展示产品、与粉丝互动、进行活动介绍、复盘直播内容等工作；助理负责配合直播间所有现场工作；辅播负责协助主播直播、与主播进行全方位的配合；策划负责主播培训与脚本策划。

c. 招商部，招商宣传负责商家合作、产品招商等工作，样品管理负责商品的更新、管理等工作。

d. 供应链团队，负责直播基地、播工厂、播商场、播品牌的打造及运营等一系列事务（一般比较成熟、规模较大的机构才会配备供应链团队）。

e. 运营团队，直播运营团队负责各项直播业务的一切运营相关工作；数据运营团队负责直播数据收集、分析数据、优化直播方案等工作；内容运营团队负责直播前后的内容宣传、造势、相关运营等工作。

② 淘 Live & PGC 业务，主要包括直播节目、互动娱乐和精彩视频。

a. 直播节目。淘宝直播通过"消费类直播"的模式，为商家、品牌和 KOL 提供了一个互动性强、转化率高的营销平台。

b. 互动娱乐。淘 Live 互动娱乐是淘宝直播的一个特色板块，它集合了明星、红人、精彩视频、精彩节目和互动娱乐等多种形态，为用户提供了丰富的观看体验和互动方式。

c. 精彩视频。PGC 栏目需要具有专业领域视频制作能力的机构，能传播针对淘宝用户感兴趣的有价值的、能和电商关联的直播视频内容。

③ 直播商家业务。一般而言，直播商家业务中的代播负责为商家提供主播、直播间等一系列直播事务，而直播代运营负责为商家提供直播及一切相关业务一条龙服务。

MCN 直播电商运营团队的构成框架如图 2-3 所示。

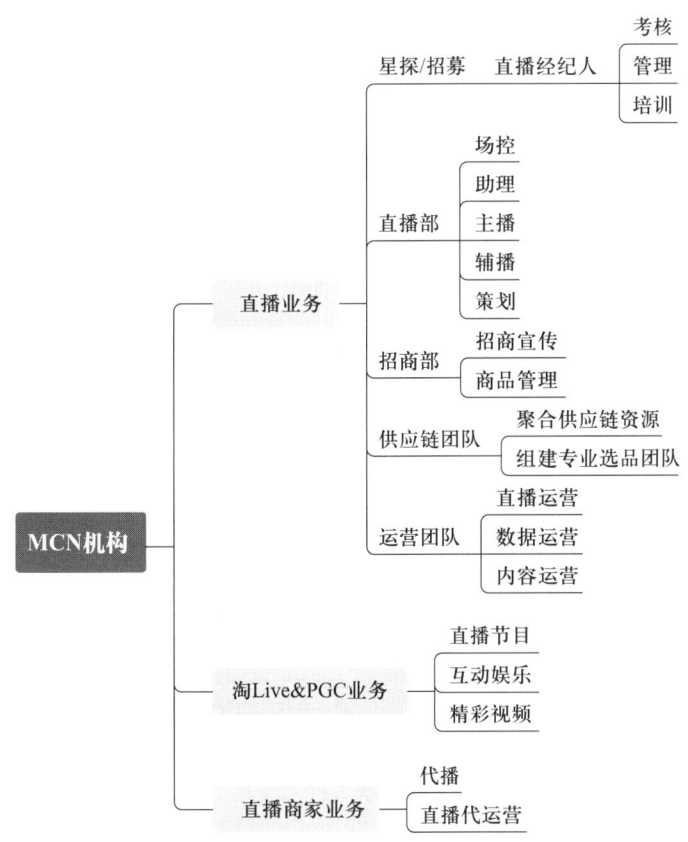

◉ **图 2-3　MCN 直播电商运营团队组织架构图**

2. 直播电商团队组织架构设计原则

（1）明确职责分工。确保每个岗位都有明确的职责和任务。

（2）优化流程。简化工作流程，提高工作效率。

（3）协同合作。加强团队内部沟通与协作，提高团队整体效能。

（4）适应变化。根据市场变化和团队需求，灵活调整组织架构。

3. 组织架构优化方向

（1）扁平化管理。减少管理层级，提高决策效率。

（2）跨部门协作。加强不同部门之间的沟通与合作。

（3）职责明确。明确每个岗位的职责和权限，避免重复工作。

（4）激励机制。建立合理的激励机制，提高员工积极性和创造力。

（三）直播团队的人员配置

一场直播完整的职能流程分为：产品运营、活动策划、内容编导、主播、场控。直播团队需要根据直播规模、直播目的、预算经费的不同，对人员进行配置。主要有以下三种类型：

1. 基础团队

如果个人或商家的预算不高，那么可以组建一个比较精简的团队，即至少配置1名主播和1名运营人员。这种团队结构比较简单，团队中一人可身兼多职，对运营人员的要求较高，运营人员需同时承担助理、场控、策划、数据运营、客服等岗位的工作。其人员配置及职能分工的具体情况如表2-6所示。

⊙ 表2-6　基础团队的人员配置及职能分工

人员	配置数量	职能分工
主播	1	负责直播；介绍、展示商品；与粉丝互动；引导粉丝关注；参与策划与直播复盘等
运营	1	承担助理、场控、策划、数据运营、客服等岗位职责

基础团队配置1名主播存在一定的弊端，即无法实现连续直播，并且一旦主播无法出镜时，就会影响直播的正常进行。因此，在1名主播和1名运营人员的配置基础上，也可增设1名策划人员，负责直播方案的策划工作。

2. 标准团队

当个人或商家的预算充足，或者业务规模变大，团队结构逐步完善时，可以组建标准团队。

企业或平台商家构建自营直播团队时，一般会按直播的工作环节来选择和配置标准团队，标准团队的人员配置及职能分工如表 2-7 所示。

◉ 表 2-7　标准团队的人员配置及职能分工

人员	配置数量	职能分工
主播	1	负责直播；介绍、展示商品；与粉丝互动；引导粉丝关注；参与策划与直播复盘等
助理	1	协助主播工作；准备直播商品与道具；担任临时主播等
场控	1	负责软硬件调试及整场直播的后台操作；直播间数据监测与反馈；处理询单、答疑、售后问题等
策划	1	负责策划直播方案；设计商品脚本、活动脚本、话术脚本；直播预热宣传策划；策划粉丝福利方案等
数据运营	1	负责直播间流量采买和数据收集、分析；提供直播方案优化建议
商务拓展	1	负责商务合作、商品招商、商品信息整理、对接店铺等

3. 成熟团队

随着直播业务的发展壮大，以及在资金允许的条件下，商家对后端的店铺产品更新频次、供应链路、产品质量、物流效率更加关注，对前端的短视频内容、直播间流量与转化的要求更加专业化，商家可以组建成熟完善的直播团队，可进一步细化工作内容，由不同成员完成其对应的工作，团队成员相互配合，提高直播的效率和收益。成熟团队的人员配置及职能分工如表 2-8 所示。

◉ 表 2-8　成熟团队的人员配置及职能分工

人员	配置数量	职能分工
主播	1	负责直播；介绍并展示商品；引导粉丝关注与下单；复盘直播内容等
辅播	1	配合主播直播；辅助说明直播间活动规则；介绍商品信息；活跃直播间气氛；担任临时主播等
助理	1	配合直播间的现场工作；摆放商品和道具；发布预热信息；配合主播完成"画外音"互动等

人员	配置数量	职能分工
场控	1	负责调试软硬件；上下架商品并修改商品价格；发送红包和优惠券等
策划	2	负责策划直播方案；策划直播前的预热内容；策划粉丝福利方案；设计商品脚本、活动脚本、话术脚本等
数据运营	1	负责直播间流量采购和数据收集与分析；提供直播方案优化建议
拍摄剪辑	1	辅助直播工作；负责商品、主播、直播花絮等的拍摄与剪辑
客服	2	负责直播间的粉丝互动与答疑，解决商品发货等售后问题
直播主管	1	负责主播的日常管理、招聘、培训、心理辅导，以及招商宣传等

二、主播的培养与管理

（一）主播应具备的特质

在竞争日益激烈的直播行业，主播只有不断提高自身才艺水平和专业能力，才能在这个行业有立足之地，否则只会被市场淘汰。一名出色的主播，一般具有以下五个方面的特质。

1. 良好的沟通能力

主播要能够准确地表达自己的观点和意见，并与观众建立良好的沟通与互动关系。除了语言表达能力，主播还需要具备良好的听觉和观察能力，能够及时发现并回应观众的需求和反馈。通过有效的沟通，主播可以建立起忠实的观众群体，并与他们保持紧密的联系。

2. 丰富的知识储备

主播需要对自己所从事的领域有深入的了解，并能提供具有专业性和权威性的建议。无论游戏、美妆、体育还是科技，主播都应该保持对相关领域的深入学习和研究，以便能够提供有价值的信息和观点。只有通过丰富的知识储备，主播才能够保持自己的竞争力，吸引更多的观众。

3. 精湛的演讲技巧

主播需要具备一定的口才和演讲能力，能够以生动有趣的方式表达自己的思想和情感。主播还需要掌握一些基本的表演技巧，如声音的运用、肢体语言的控制等，以使自己的演讲更加生动和吸引人。通过不断地提升演讲技巧，主播可以更好地吸引观众的注意力，提升内容的传播效果。

4. 创新精神

主播需要不断地为观众带来新鲜的内容和体验，以保持观众的兴趣和关注度。创新并不意味着要求主播做出炫目的做作举动，而是指主播要善于思考、勇于尝试，在演播环节、内容创作和互动方式等方面创造独特的个人风格和特点。通过不断地创新，主播可以在众多竞争对手中脱颖而出，赢得观众的赞赏和喜爱。

5. 较强的抗压能力

主播的工作节奏通常紧张而高强度，所以抗压能力是一项重要的特质。主播需要时刻保持良好的心态，应对各种挑战和困难，包括长时间的直播、强烈的竞争和舆论的压力等。只有通过保持良好的心理素质和有效的应对策略，主播才能够在压力环境中保持良好的表现和心态。

（二）主播应具备的专业技能

主播是直播团队中综合素质比较全面的人员，主播不仅要完成日常直播的正常执行，还要负责直播带货的效果。因此，除了必备的特质，还应具备一定的专业技能。

1. 商品介绍能力

主播在直播带货时应充分发挥其"意见领袖"的作用，为粉丝提供与商品相符的信息、观点、建议，并施加影响。

2. 互动控场能力

主播需与助理密切配合，完成商品介绍，引导粉丝关注。通过互动话术营造直播间的活跃气氛，引导粉丝、调动粉丝的积极性，并通过与助理间的互动控场，做好商品介绍的排序，随时调整商品的介绍顺序。

3. 引导成交的能力

直播带货的关键在于激发粉丝的购买欲望，这就需要主播运用话术直击粉丝的痛点，迅速促成转化。

只有不断努力提升这些特质和技能，才能成为一名出色的主播，在竞争激烈的行业中脱颖而出，赢得观众的认可与喜爱。

作为一名优秀的主播，掌握以上特质与技能是做好直播的前提。但是，做直播不仅需要有扎实的基本功，还需要做好自己的"人设标签"。

（三）主播人设的打造

1. 人设的定义

人设即人物设定的简称。在营销学中，有的观点认为，人设通常可以视为可操作的形象化标签，包括体貌、性格、价值观等。也有学者提出，人设的本质是人的商品化，属于符号消费，建构人设的过程是人格符号化、故事化、标签化的过程。

在直播电商中，主播人设主要指的是主播的形象设定和角色定位。

随着自媒体时代的来临，短视频和直播平台的兴起为广大网民提供了展示自我的平台，激发了普通大众的创造力，促生一些具有独特人格魅力的主播，主播人设打造也逐渐受到主播和 MCN 机构的重视。

【**典型案例**】郝××作为明星加入到主播的行列，首先给自己树立一个符合自身特征的人设，他的定位是"把网友当成朋友"，不强行推销产品，甚至还劝网友按需购买，没有过多的套路和虚假的演技，以差异化的人设标签占据了用户的"心智"。在粉丝的支持下，他的"小卖部"也升级成"小超市"。用网友的话来说，"郝××的直播，很像一碗只放了鸡蛋和葱花的汤。吃饭前喝的话，可能会觉得有点寡淡。但对那些吃够了重油重盐的观众来说，这就是一碗解腻又解渴的好汤。"

2. 人设的作用

（1）满足观众期待。在网络虚拟环境中，人设是满足大众宣泄式的心理愿望和情感趋向的产物。类似于移情的现象，粉丝会将自己的情感投射在主播的人设身上，并期待获得某种个人情感满足。

（2）精准吸引粉丝。在直播商品越来越同质化的今天，当路人观众首次进入直播间时，主播如果具有鲜明特点的人设，可以让观众在短时间内快速产生记忆点，留下深刻的印象，使主播从众多账号中脱颖而出，吸引更多的粉丝，并增加粉丝的黏性。

（3）提升商业价值。优秀的人设自带流量，有利于更快传播有价值的内容，形成有认可度的用户聚集体，并形成裂变后再次传播，最终获得流量变现。

3. 主播人设的类型

（1）导购促销类。直播卖货的本质是一种交易行为，所以导购促销类人设最重要的就是击中用户的真实需求，快速准确甚至超预期地匹配用户需求。

这种人设最大的价值在于帮助用户缩短消费决策时间，在信任形成后，让用户可以跟随主播推荐进行下单，形成强大的带货力。

打造导购促销类人设，主播必须对产品的功能、参数、材质、效果、使用场景等相关信息都非常了解，懂得产品卖点和用户心理。

（2）技能专家类。随着商品种类的极大丰富，部分商品具有强意见领袖驱动的属性，需要美容师、穿搭师、健身主播等专家类角色帮助用户完成消费决策和商品消费。

技能专家类人设最重要的就是产品背书和用户赋能，专家身份让产品更可信，专业技能让用户更受益。要想打造这类人设，主播本身必须具备"硬干货、真实力"，通过主播持续的专业知识分享来打造专家形象。

（3）明星网红类。对部分用户来说，消费不仅仅是为了满足物质需求，还为了满足精神需求，消费本身就代表用户对美好生活的期待和向往。

明星网红类人设最重要的就是通过娱乐型、才艺型、颜值型、幽默型等风格自带光环，来吸引忠实的粉丝，进而与商品相关联，形成流量转化。要打造明星网红类人设，主播必须既有内容又有趣，既能对产品如数家珍，又能有自己独特的消费主张。

4. 主播人设打造的步骤

（1）进行市场调研。市场调研可以帮助主播了解市场变化趋势及消费者潜在购买动机和需求，有助于主播根据市场需求确定大的类目方向；可以了解当前相关行业发展状况和技术经验，帮助主播确定细分类目；可以了解在该类目下的竞争对手，分析对手优劣势，调整最合适的主播定位。

（2）确定直播行业或领域。主播塑造人设是为了带货，通过精准吸引粉丝群体来创造商业价值。否则可能会出现粉丝对主播有兴趣却对带货没兴趣，粉丝多但带不动货的现象。

确定直播的行业或领域，是为了能够精准划分潜在目标群体，发掘粉丝内心需求，再去学习和借鉴这个行业领域内优秀主播的优点，总结并学习，找到他们的吸粉秘诀。

（3）盘点主播的辨识度。主播要根据自身的特点和优势，找到自己比别人做得更好的地方，从而在直播过程中打造辨识度。这些辨识度可以在直播中成为主播的亮点，也是主播打造人设的重要出发点。

（4）发掘观众的需求。许多头部主播都具有一个共同点，就是在某个领域做到了极致，可以满足大众对这一方面的需求。也就是说，观众认为主播的内容对他（她）是有意义、有价值的，才会被主播吸引过来，并产生信任和购买行为。

（5）创新定位个性化标签。根据主播的性格、专业能力、运营能力、受众人群、资源匹配、竞争环境等方面来确定主播的具有个人风格的人设定位。

（6）优化人设及强化标签。主播定位不是一成不变的。在直播初期，根据最初确立的定位进行试播，不断输出与固化人设。粉丝会根据主播传达的人设形象作出反馈，主播也可以从直播各项数据中验证效果。主播可以借助粉丝的反馈塑造更符合粉丝期望的人设，在后续直播过程中，不断优化和完善至最佳。

【典型案例】

明星直播大浪退去，为何刘一刀立住了？

在直播电商如火如荼的时期，大批明星纷纷"杀"入直播间卖货。其中，翻车的不少，但也有不少不仅还在坚持，并在较短时间内，验证了一套明星直播的成功模式。其中的佼佼者之一，就是女明星直播带货名人——刘涛，业界人称"刘一刀"！刘一刀为什么能成为一姐？

说实话，刘涛进军直播电商的时间不算早，并不十分被看好，因为做直播的女明星很多，粉丝量更多的女明星不少。虽然刘涛从第一场直播就取得巨大成功，但业内都知道，第一眼的好成绩，有可能是运气，也有可能是资源堆积，直播效果能否具有持续性，才是关键。

刘涛的首场直播电商，除了销售数据亮眼之外，其"刘一刀"的人设，相比其他主播反而让人眼前一亮。这是把明星个人直播打造成一个整体品牌行为的差异化策略。

如何解释这种差异化策略的成功之处呢？大多数明星直播更像是一个"花瓶"，销售成绩的好与坏，实际上与明星的关系并不大，明星直播更像是为其增添的一个配角和噱头。

但刘涛不同，作为聚划算签约的第一位明星，从其首场直播开始，刘涛的主播身份就有一个明确的人设和定位——刘一刀，而这也决定了平台和刘涛都不是把这当成普通的直播，而是明确的品牌运营策略。名字干脆利落，"刘一刀"的古装形象则极具辨识度，快速打开认知——一位拿着长剑的女侠形象，栩栩如生。刘涛的这把刀也非常形象地展示了刘一刀在砍价方面的功力。

在从0到1成功打造"挥刀女侠客"形象后，刘一刀在明星主播圈可谓独树一帜，成为"淘宝功夫主播"之一。今年年初，阿里巴巴还申请注册"刘一刀"的商标。这让主播刘涛的品牌化思路进一步明确：平台的好货优选官，一刀砍出最好的价格。

在一周年之际，"刘一刀"品牌再次升级。聚划算在视觉锤的加码，不仅基于"心"字符号与"抱拳"手势，制作了专属VI（Visual Identity，视觉设计），刘一刀的经典动作也从"砍刀"变成了"抱拳"，把单纯的"低价竞争"升级为"热爱"。此外，刘一刀还有了虚拟萌宠"心宝"，名字取于"心"和"抱拳"的首字。

最关键的问题来了，刘一刀为啥要提出"收刀"呢？

可以看出品牌升级背后来自聚划算对"刘一刀"品牌定位策略的改变，即：随着整个直播电商生态日渐成熟，过度强调"砍价"容易陷入纯低价竞争，反而背离了消费者对高品质生活的追求。刘一刀不再是一个单纯带来低价的主播，而是一个会带来更多可能性的品牌。"抱拳示爱"既保留女侠的形象，又突出了有温度且值得信赖的靠谱气概，进一步强化具备"爱与信赖"的品牌IP承诺。

三、直播团队的协作与沟通

团队协作在直播电商运营过程中扮演重要角色,如何与团队成员高效地沟通协作,提升直播运营效果,成为了亟待解决的问题。

(一)团队协作的重要性

团队协作在直播间中起着以下几个至关重要的作用:

(1)团队协作可以减轻主播工作压力。通过分工合作,团队成员可以互相补充,共同承担任务和责任,减轻直播主个人的工作负担。

(2)团队协作可以提高直播质量。团队成员之间的配合默契和相互协作,可以确保直播流畅、内容丰富,并及时处理观众的互动和反馈。

(3)团队协作可以增强团队凝聚力。通过共同的目标和合作,团队成员之间可以互相学习、互相支持,形成团队的凝聚力和向心力。

(二)直播团队协作技巧

在直播过程中,团队成员需要互相协作配合,及时衔接各环节,确保直播顺利进行。

1. 明确角色分工

在直播中,团队成员的分工和任务分配是团队协作的首要步骤。首先,团队需要明确每个成员的角色和职责,确保每个成员清楚自己的工作范围和职责,明确自己的角色定位,以及与其他成员的协作方式。其次,在任务分配上,可以根据每个成员的特长和优势来进行,以更高效地完成工作。例如,一个成员负责技术设备的搭建和调试,另一个成员负责直播内容的策划和准备,再另外一个成员负责互动回复和礼物道具的管理,等等。这可以通过制定详细的工作计划和制作分工表来实现。

2. 密切沟通合作

直播需要良好的配合,团队成员之间的密切沟通合作尤为重要。为了实现高效的沟通,选择适合的沟通工具是必要的。目前,市场上有许多适用于团队协作的工具，如企业微信、钉钉等。这些工具可以实现即时沟通、文件共享、任务提醒等功能，方便团队成员之间的交流和合作。同时，可以借助云存储等技术，实现资料的共享和同步，提高团队工作效率。

3. 准备充分的背景资料

在直播前，团队成员应该准备充分的背景资料。例如，主持人需要了解产品特点、销售策略等信息，以便在直播过程中做出恰当引导；主播需要对产品有详尽的了解，能够在直播中准确地向消费者介绍产品；策划人员需要编写有逻辑性且富有吸引力的直播内容。团队成员的背景资料准备越充分，直播带货效果越好。

4. 灵活应对突发情况

在直播带货过程中，难免会出现一些突发情况，例如网络不稳定、产品出现问题等。团队成员需要灵活应对这些突发情况，尽快解决问题，确保直播不受影响。技术支持人员在直播过程中要随时关注网络情况，及时调整网络设置；负责产品介绍的人员需了解产品常见问题和解决方案，以便快速解决客户提出的问题。

5. 团队总结与反馈

直播结束后，团队成员应该对整个过程进行总结与反馈。对直播过程中出现的问题进行总结和讨论，并提供相应的反馈和改进措施。这有助于团队成员之间的交流和协作效率的提升。

以上是直播的五大团队协作技巧。团队成员应明确角色分工，密切沟通合作，准备充分的背景资料，灵活应对突发情况，并进行团队总结与反馈。团队成员之间的默契配合和相互协作，可以提高直播质量，减轻主播的压力，并增强团队的凝聚力。只有通过良好的团队协作，才能实现直播运营的最佳效果，提升品牌的影响力和销售额。

（三）直播电商运营高效团队建设管理

随着直播行业的不断发展，直播运营团队的重要性也越来越凸显。如何打造一支高效的直播运营团队？可从团队建设、人员管理、业务流程等方面出发，加强高效直播运营团队建设管理。

1. 团队建设

打造一支高效的直播运营团队，首先必须要进行稳定的团队建设。团队建设包括团队文化、团队氛围、团队目标等方面。在团队文化方面，可以制定一些团队口号、团队标语等，让团队成员有一种共同的归属感。在团队氛围方面，可以通过一些团队活动、团队建设等，增强团队成员之间的感情，提高协作效率。在团队目标方面，可以共同制定明确的团队目标，让团队成员有一个共同的方向。

2. 人员管理

人员管理也是打造高效直播运营团队的重要一环。人员管理包括人员招聘、人员培训、人员考核等方面。在人员招聘方面，招聘的人员必须紧紧围绕团队目标和业务需求。在人员培训方面，针对不同岗位的人员制定具有针对性的培训，提升其专业能力和技能水平。在人员考核方面，需要制定科学的考核制度，激励团队成员不断提高自己的工作效率和质量。

3. 业务流程

业务流程也是打造高效直播运营团队的关键一环。业务流程包括直播策划、直播执行、直播数据分析等方面。在直播策划方面，根据直播主题、直播平台等因素，制定对应的直播策划方案。在直播执行方面，可以按照直播策划方案，进行详细的直播执行计划，保证直播的顺利进行。对于直播数据分析，则需要搜集直播数据，对直播效果进行分析，不断优化直播策略，提升直播效果。

总之，打造一支高效的直播电商运营团队，需要团队建设、人员管理、业务流程等方面的协同配合。只有这样，才能让直播运营团队的工作效率和质量得到提升，为直播行业的发展贡献力量。

主题讨论

直播的实时性决定了直播效果的不可逆性，因此，主播对直播中的相关禁忌要高度重视，请思考直播中的主要禁忌有哪些。

人 设 崩 塌

"人设崩塌"是一个网络流行词，常用在公众人物身上。"人设"意为人物形象设定，这种人物形象一般是指内在的正面、积极向上的形象。"人设崩塌"一词一般是指人物形象没有扮演好，也指某人的形象因为某件事情而声名俱毁，颠覆了之前留给大家的健康积极的印象。

"人设崩塌"的原因主要有以下两个方面：

（一）缺乏真正的内涵

"人设崩塌"的情况时有发生，有的主播凭借姣好的面容、出众的外形等吸引流量和热度。但他们大多没有自己的代表作，能拿得出手的作品也少之又少，靠"卖人设"来吸引人气。一种形象的呈现在某种程度上总是与个人的真实情况有所不同，由于总是依靠完美的"人设"来吸引粉丝，因此构建的形象无论多么真实，都容易遭到破坏。

（二）受众群体的觉醒

互联网发展到如今的程度，受众再也不满足站在被动的地位，他们获得信息的渠道增多，再也不仅仅局限于大众传播。社交媒体的传播是放射状的，呈现出强烈的信息流通和互动的空间分布特征。观众犹如拥有一双火眼金睛，可以从细枝末节中寻找线索。互联网中一旦有人找到有不符合"人设"的证据，他们就会迅速形成一股力量，将主播前期辛苦建立的"人设"摧毁。

📝 **技能训练**

一、制定直播电商团队组建方案

湘西是湖南省少数民族人口聚居多、低收入人口分布广的特殊地区，近年来，在各级政府和社会各界大力支持下，湘西经济得到了一定的发展。湘西特色农产品人无我有、人有我优的战略优势是什么？怎样利用差异化的战略优势实现特色农产品"走出去"战略？丰富而又独特农产品受阻于位置偏远和人才缺乏，出现"酒香也怕巷子深"的困境，这些问题的解答有助于探讨湘西武陵山片区农业内生式乡村振兴之路。

然而，要想解决这些问题，靠个人力量是很困难的，因此可以组建一个构架合理且优秀的营销团队，整合团队力量进行湘西农产品营销。当前直播电商如火如荼的发展形式下，利用直播平台的媒介优势，协同湘西地方政府、高校人才优势一体推进"直播带货助农"显得迫切而重要。

一场优质的湘西农产品直播需要专业团队的密切配合，策划、统筹、文案、拍摄、主持等工作缺一不可，这就需要不断吸纳和培养相关人才，壮大农产品直播带货队伍。

学校可以通过高等教育和职业教育培养专业新媒体营销人才，吸引更多有志青年投身"三农"事业；行业协会可以通过组织社会培训，提高农产品电商直播运营人员综合素质能力的培养；政府通过政策和资金支持以及媒体宣传，鼓励更多电商企业和直播人才到湘西农村创业，助力乡村振兴。

以湘西椪柑"开园节"直播为例，一个标准型湘西椪柑直播团队组建如表2-9所示。

◉ 表2-9 湘西椪柑直播团队组建

岗位名称	岗位人数	岗位职责	素质能力
主播	1	（1）讲解产品：在直播前了解产品信息，做好产品背书 （2）粉丝互动：直播过程中，与粉丝互动，确保不冷场	（1）具备较高的思想素质和良好的道德素养、人文素养、科学素养及职业素养 （2）具备良好的人际沟通能力和团队合作精神 （3）具备基本的创新精神及创业意识 （4）具备较好的临场应变能力
策划	1	（1）撰写脚本：在直播前，依据"开园节"为主题撰写本场直播脚本 （2）形象设计：依据主播朴实的带货形象，设计符合主播人物形象的妆容、服饰和道具	（1）能依据"开园节"主题撰写直播脚本，执行效率高 （2）思维活跃，有良好的沟通能力和抗压能力 （3）熟悉当下热点和网络文化

岗位名称	岗位人数	岗位职责	素质能力
运营	1	（1）规划内容：编辑策划直播脚本，确定直播"湘西椪柑"的活动和直播"开园节"的主题 （2）团队协助：协调直播间人员的关系、状态，确定直播时间	（1）具有多个电商岗位实践经验，具备较强的管理能力 （2）具有良好的职业素养和较强的抗压能力，能适应"开园节"直播高强度的工作节奏 （3）具有良好的个人素养，善于总结直播中出现的问题并进行自我调整
场控	1	（1）设备调试：在"开园节"主题直播前，调试好直播时需要的所有软硬件设备 （2）控制节奏：直播进行时，时刻把控主播的节奏，提醒主播每一个环节和步骤	（1）具有高度的工作责任心 （2）思维灵活，沟通能力强，有良好的应变能力 （3）熟悉各大直播平台的买卖操作流程 （4）具备良好的人际沟通能力和团队合作精神

二、设计和实施主播选拔与培训计划

在直播电商中，主播扮演着非常重要的角色，他们不仅需要具备销售技巧和产品知识，还需要具备一定的演艺能力和吸引力，以吸引观众的关注并促使他们购买商品。因此，主播的选拔与培养，成为直播电商运营成功的关键因素之一。

（一）主播选拔计划的设计与实施

以湘西椪柑直播为例，设计主播选拔计划如下。

1. 明确主播选拔的要求

（1）产品知识。主播需要对所销售的湘西椪柑有深入的了解，包括湘西椪柑的特点、用途、优势等。只有了解产品，才能够向观众传递准确的信息，增加观众的购买欲望。

（2）演艺能力。主播需要具备一定的演艺能力，包括口才、表演技巧、形象气质等。他们要能够吸引观众的注意力，让观众产生共鸣，从而提高购买意愿。

（3）亲和力。主播需要具备良好的亲和力，能够与观众建立良好的沟通和互动。农产品带货主播最好有过农村生活经历或者热爱农村生活，具有朴实的形象气质，更易于与观众建立信任关系，让观众愿意购买他们推荐的湘西椪柑。

（4）抗压能力。直播电商是一项高压工作，湘西椪柑直播场地会安排在环境偏远的地区，主播需要能够承受工作压力，保持良好的心态和状态。同时，需要具备能够应对各种突发情况的能力，始终保持专业的形象和态度。

2. 确定主播选拔的渠道

随着农产品直播电商深入开展，越来越多的人认识到网络直播对农产销售的重要性，从新闻主播、名人、网红到领导干部以及普通农民，纷纷加入直播带货，特别是以县长为代表的地方政府官员也参与直播，形成了新农人主播、达人主播及政府官员主播三大类型。湘西椪柑直播电商主播具体选拔可以有以下三种渠道：

（1）内部选拔。可以从现有员工中选拔合适的人员担任主播。这些员工已经对农产品和湘西椪柑有一定的了解，可以更快地适应直播的工作要求。

（2）外部招聘。可以通过招聘渠道，如招聘网站、地方或互联网等新闻媒体等，发布主播招聘信息，吸引有潜力的人才加入。在招聘过程中，可以根据农产品主播岗位要求进行面试和考核，选择最合适的人员。

（3）合作培养。可以与专业的培训机构或抖音等直播平台合作，共同培养农产品主播人才。这些机构和平台通常有丰富的经验和资源，可以为主播提供专业的培训和指导，帮助他们快速成长，尽快胜任农产品带货主播岗位。

3. 组织主播选拔

（1）主体分析。一般可以从主播的外貌、性格、行为、习惯话术等维度去分析主播具有的特点。整个分析的过程需要通过文字描绘出来。

以湘西椪柑主播选拔为例，假定最近有3位主播来试镜，分别是A、B、C。经过一天的试镜，运营人员总结出3位主播的特点，如表2-10所示。

（2）人设呈现。根据商品售卖目标群体需求和主播的特征进行匹配，包装出具有凝聚力的主播人设和口号，人设呈现思路如图2-4所示。

◉ 表2-10 3位主播特点

主播	外貌	性格	行为	习惯话术
A	颜值型	高冷严肃	金句迭出	太好用了！
B	亲民型	风趣幽默	表情丰富	我的天！
C	生活型	热情真诚	手势多样	买它！

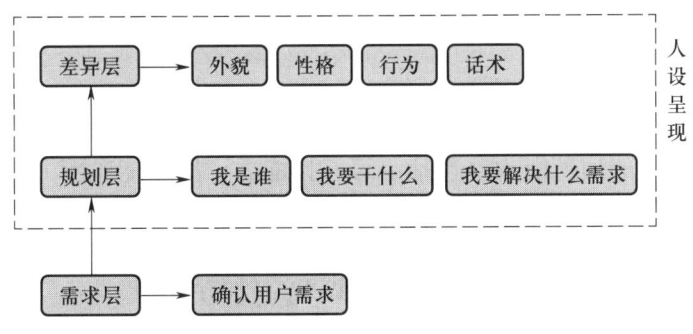

◉ 图2-4 人设呈现思路图

我们可以尝试用图中的思路对湘西椪柑电商直播的主播人设进行分析。

① 需求分析。用户对农产品的核心诉求是绿色无污染和美味可口。

② 规划三问与三答。

a. 我是谁？我是一名农产品体验师。

b. 我要干什么？我要用直播的方式带领用户去农产品生产基地寻找产品。

c. 我要解决什么需求？解决用户对绿色无污染，美味可口的农产品的需求。

③ 差异突出。

a. 外貌：普通人长相，身穿运动户外装，像普普通通的人一样平常。

b. 性格：热情，善于与人打交道，说话诚恳，不做作，呈现一种踏实的感觉。

c. 行为：动手能力强，亲自采摘农产品，现场品尝并给出中肯的评价。

d. 话术：吃完表现出开心状，并强调"买它！"

分析得出的结论是，要呈现出一个接地气、生活气息浓厚的主播，四处寻找优质农产品的人设定位——主播要传达给用户的理念是"原生态的才是最健康的"。

按上述流程分析完毕后，可以发现主播C非常适合这个角色。

（二）主播培训计划的设计与实施

主播选拔只是第一步，要培养一名优秀的主播并不是一件容易的事情，需要通过专业系统的主播培训。通过培训可以提高他们的销售技巧和演艺能力，使他们更好地适应直播电商的工作要求，通过主播培训还可以增加主播的忠诚度和归属感，提高主播的工作积极性和创造力。

以湘西椪柑直播为例，为了提高主播的职业素养和专业能力，设计以下一套全面的主播培训方案。

1. 明确培训目标与培训需求

（1）提高主播的演艺能力，包括语言表达能力、情感传递能力、形象塑造能力等，让主播能够更好地与观众产生共鸣和互动。

（2）提升主播"三农"相关的专业知识，包括农业知识、农产品知识、农村文化等，让主播能够对湘西椪柑种、产、销内容有深入的了解和掌握，进行专业而有说服力的表达。

（3）加强主播的语言沟通能力，包括口头表达和文字表达，让主播能够用简洁明了的语言传递农产品信息，同时避免语言和表达上的误导和误解。

（4）提升主播的团队合作能力，让主播了解自己在团队中的角色和责任，学会与其他成员进行配合、协调和沟通，共同完成湘西椪柑直播的运营推广。

2. 确定培训内容和方法

（1）演讲与口才训练。通过讲解基本演讲技巧和演讲训练，提高主播的语言表达和情感传递能力，培养自信和吸引力。

① 进行说话的技巧的训练。说话要让用户感觉到舒服，有亲和力。具体说话注意事项如表2-11所示。

② 日常基本功训练。主播需要经常练习基本功，只有这样日复一日地训练才能在面对镜头时很好地表达自己。日常基本功训练的内容如表2-12所示。

③ 唇舌锻炼。主播是一个体力活，每天要直播很长时间，这对嘴部的要求非常高。下面介绍几种唇舌锻炼技巧，如表2-13所示。

⊙ 表2-11　主播说话注意事项

项目	解释说明
语调	说话语调要有高低升降，包括升调、降调、平调、曲折调；适当地加入重音、轻读等多种形式；语调要洪亮，吐字清晰可辨
语速	语速是由说话人感情决定的，兴奋、高兴时可以加快语速，比如发红包；讲解商品功能、试用商品时语速要慢一些，让用户充分理解商品的特点
语气	语气是主播的立场、态度、个性、情感、心境等起伏变化的表现形式，主播应该带入真实的感情，发自内心认可自己所说的事，自然地表露出应有的语气

⊙ 表2-12　主播日常基本功训练

项目	解释说明
朗读朗诵	多读书，并大声地读出来。每天坚持朗读一些书或文章，既练习口齿清晰伶俐，又积累一些知识
镜子训练	每天在朗读过程中，一定要对着镜子朗读，时刻观察自己的眼神、表情和肢体动作等，发现好的技巧保留，不好的行为改正
自我录像	录下演讲过程，然后反复观看，反复研究，如研究哪里卡壳，哪个手势不到位，哪个表情不自然
躺下朗读	想练就一流的运气技巧，一流的共鸣技巧，可以尝试躺下来大声读书，当我们躺下来时，必然就是腹式呼吸，而腹式呼吸是最好的练声练气方法

⊙ 表2-13　唇舌锻炼技巧

项目	解释说明
松口腔	每日松下巴30次
换气	每日喊"嘿、哈""贺、夜、哈、或"各30次
唇操	搓唇、转唇、合口左右撅唇各3次
舌操	顶腮、刮舌、转舌、弹舌各10次

（2）形象塑造和造型。了解形象塑造的重要性，包括着装、仪态、微表情等，通过形象设计和造型指导，打造适合农产品湘西椪柑主播风格的形象，具体如表2-14所示。

⊙ 表2-14 主播外在基本素养培训要求

项目	解释说明
心态好	直播中会听到看到一些难听的话，主播要保持平和心态，千万不要被其影响情绪，产生不良表情，也不要和用户多作纠缠
亲和力	观看直播的绝大部分都是陌生人，在这种情况下第一印象很重要。如果直播中主播总是一脸阴沉，态度爱搭不理，粉丝肯定不会买账。相反如果本身就表现得有亲和力，那么不认识的人出于本性都会想继续了解，在直播间互动，不管观看者买还是不买，至少直播氛围变好了，自然而然会越播越轻松
学习能力	作为某一个垂直品类或某个领域的主播，一定要把相关的知识学透彻。要关注其他主播是怎样直播的，也要学习其他领域知识内容。这样才能够在直播过程中做到滔滔不绝
外表装扮	虽然不要求每个主播都拥有极佳的外貌条件，但是必须注意最基本的外表。主播着装要合适得体，妆容要整洁大方。针对不同用户可以适当调整着装

（3）行业、产品和营销知识培训。主播应该对所宣传的椪柑农产品行业、椪柑系列产品和市场营销有全面的了解，要接受系统性的知识培训，包括椪柑种植、生产、销售以及常用营销与推广手段和推广方法，包括社交媒体营销、内容推广等。

（4）主播礼仪培训。主播是直播活动形象的代表，应该具备良好的职业素养和礼仪修养，通过礼仪培训，提高自己的形象和专业素质。

（5）语言表达能力训练。通过主播脚本、台词的编写和朗读，锻炼自己的语言表达能力，让他们能够用简洁明了的语言传递信息。

（6）直播技巧培训。主播通过参加直播技巧培训，包括摄像技巧、活动设置、互动方式等，使自己能够在直播中更好地与观众互动。

（7）团队合作培训。主播要了解团队组织和人际关系的基本原理，培养团队精神和合作能力，才能够与其他成员进行有效合作，共同完成直播运营和推广。

3. 选择培养主播的方法

（1）课程培训。可以组织培训课程，包括湘西椪柑产品知识培训、销售技巧培训、演艺能力培训等。这些培训可以通过线上或线下的方式进行，帮助主播提升专业素养。

（2）案例分享。直播中，可以邀请其他成功的主播分享自己的经验和故事，激励其他主播努力工作。这些分享可以通过线上直播或线下活动进行，让主播们相互学习和借鉴。同时，可以进行一些实际案例分析和角色扮演，帮助主播了解如何定位自己的个人品牌，打造主播人设，如何吸引粉丝和观众，并建立主播的影响力。

（3）个人辅导。可以为主播提供个人辅导，帮助他们解决工作中遇到的问题和困惑。这些辅导可以由品牌内部的专业人员或外部的专业顾问提供。

4. 确定培训时间和方式

（1）确定培训时间。可根据实际情况，制定一个持续时间合理的培训计划，包括每周固定的培训时间和实践时间。

（2）确定培训方式。结合线上线下相结合的方式进行培训，包括讲座、实践演练、个案分析等。通过系统性的培训，提高主播的演艺能力、专业知识和团队合作能力，使主播能够更好地胜任工作，并且以更高的专业素质赢得观众的认可和喜爱。

5. 进行培训评估与效果分析

（1）培训评估。通过培训课程的反馈问卷和讲师评价，对培训效果进行评估，了解培训效果和学员满意度。

（2）效果分析。根据主播的表现和直播的市场反馈，对培训效果进行分析和总结，进一步改进培训方案。

6. 总结

在直播电商中，主播的选拔与培养是非常重要的，应根据直播主题需求和要求，选择合适的主播，并通过培养和支持，帮助他们成长和发展。只有拥有优秀的主播团队，企业方能在激烈的市场竞争中脱颖而出，取得成功。

三、模拟团队管理与协作场景，提升团队协作能力

直播活动的成功离不开优秀的直播团队协作。一方面，直播涉及多个环节，包括活动策划、内容制作、技术支持、运营推广等，需要不同岗位的人员密切配合。另一方面，直播是实时的传播，团队成员之间需要实时沟通与协作，确保信息的传

递准确及时。因此，团队协作的重要性在直播中尤为突出。

以湘西椪柑直播团队为例，直播方案的团队协作分工场景安排如下：

（一）直播活动主题

"消费扶贫·橘香四方"湘西椪柑开园节。

（二）直播时间

2024 年 8 月 20 日上午 9：00—12：00

（三）直播团队成员

运营 1 名、主播 1 名、辅播 1 名、场控 1 名、客服 1 名。

（四）直播团队分工

1. 运营

（1）负责确认产品的上架（开播讲解后提示产品上架程度和库存，下单成功看订单数据，随时报所剩库存数及缺货范围）。

（2）全场数据监控。

（3）及时调整直播方案，针对不同流量使用不同方案。

（4）开播测试。

（5）直播间标题及封面编辑。

（6）直播背景音乐设置。

（7）设置福袋。

（8）现场配合烘托气氛。

2. 主播

（1）控制直播间节奏，与观众互动，引导观众操作让观众进行五连（关注、加粉、分享、点赞、互动评论）。

（2）搭配讲解逻辑，可以从产品卖点切入、贴切的形容词、产品配搭知识、适用场景、价格对比、产品痛点、产品卖点、展示产品、质检证书、粉丝图片反馈展示、销量展示、店铺评价展示售后保证、常见问题解答及注意事项、返场抢购时间等多方面切入，穿插预告下款商品和商品价格，如价格伏笔、实际价格与竞品对比、技巧性报价等方式讲明适用人群，引导观众操作下单。

（3）所有话术都要围绕以下两个核心问题：为什么买？为什么在你这里买？

3. 辅播

（1）配合主播憋单、空镜补镜、补话、公屏留言回复、露半脸或只出声、根据促销文案营造氛围。

（2）配合节奏要及时，频繁提醒关注主播、加粉丝团和汇报在线人数，宣导产品优势。一场直播中，如果辅播会隔一段时间提醒大家关注主播的话，一般在同等的直播主持能力下，单场直播下播后粉丝数的上涨数可以提升10%~15%，这是个重要的涨粉技巧。

（3）管理直播间，配合发产品，提示开始"秒杀"，产品"秒杀"后提醒库存，同时准备题板提示主播介绍单品的时间，以防主播介绍单一产品时间过长。

（4）负责倒计时，配合主播营造现场氛围，时刻迎合主播回复；公屏留言回复。

（5）准备产品型号提示板。

（6）及时反应，倒计时后立刻引导如何操作下单互动；并引导点赞、关注、分享，展示相关手机操作（点链接、点地址、点购买、点付款）。

（7）准备憋单的小道具，比如计算器、小黑板、秒表、手牌器等，需要根据介绍的产品配合使用道具，这些道具要放到主播伸手就能拿到的地方。

（8）通过问题引出产品的卖点，关注到主播忽略的部分，也可以通过试吃产品，介绍感受来吸引观众。

4. 场控

（1）不出镜，提高直播氛围和引导加关注、刷屏、控制评论。

（2）在憋单环节、讲解环节、费用相关环节利用相关话术，配合主播掌控节奏（背景展示＋评论互动）。

（3）及时上下架商品，通过与主播交流和搭配音乐，配合主播做好场景置换，同观众积极互动。

（4）与评论进行互动，维护在线人数，对核心产品问题归类，对黑粉关键词、设置隐藏拉黑或者刷屏、评论维护安排应对方案，提醒控评，引导评论。

（5）开播前一天每 6 小时投放一次预告视频，开播当天每 2~3 小时投放一次预告视频，开播后每半小时投放一次现场视频（直播现场、突发搞笑情况）。直播结束要根据数据相对应隐藏，发布的视频要注意违禁词。

（6）及时报库存，倒计时，配合主播营造现场氛围。

5. 客服

（1）在后台与粉丝互动。

（2）3 分钟内回复客户问题，与弹幕互动及引导关注，在弹幕中发布产品讲解。

（3）倒计时，配合主播，配合现场氛围。

素养园地

项目二
电商法规
与案例分析

近年来，随着互联网技术的普及，以及数字经济战略的提出，政策的支持，乡村助农直播带货在中国迅速发展，成为乡村振兴的重要途径之一。乡村助农直播带货不仅能够提高农产品的知名度和销量，还能够增加农民的收入和幸福感，促进乡村振兴和农业现代化。

东方甄选是由新东方教育集团创办的一家专注于助农直播带货的平台，于 2021 年 12 月成立，2022 年 6 月走红。直播间以双语讲解、文化普及、才艺展示等方式吸引了大量观众，取得并保持着显著的销售业绩，成为助农直播的典范。

东方甄选作为一种创新型的直播带货模式，具有以下几个特点：一是利用新东方教育品牌和教师资源打造高端形象和信任感。二是结合教育、娱乐、文化等多元元素提升用户体验和黏性。三是与供应商建立合作伙伴关系，保证产品质量和服务水平。四是响应国家政策，支持乡村振兴和农业现代化。

通过对东方甄选的直播带货模式进行分析和评价，可为其他乡村助农直播带货平台提供参考和借鉴，促进乡村助农直播带货的发展和创新，特别是告知人们要做有责任担当和家国情怀的直播电商运营者，树立正确的直播运营观，传播有意义、有价值的内容。

项目习题

（一）单项选择题

1. 直播电商作为新的电商形态，不包括的特征是（ ）。

   A. 实时性　　　　　　　　　B. 交互性

   C. 内容化　　　　　　　　　D. 社交化

   E. 整体化

2. 郝邵文的人设属于（ ）人设类型。

   A. 导购促销类　　　　　　　B. 明星网红类

   C. 技能专家类　　　　　　　D. 以上均不是

3. （ ）不适合脖子较短的主播。

   A. 圆领　　　　　　　　　　B. V字领

   C. 高领　　　　　　　　　　D. 以上均可

4. 肤色偏黑的主播适合的服装是（ ）。

   A. 蓝色　　　　　　　　　　B. 浅黄

   C. 粉红　　　　　　　　　　D. 银色

5. 在直播时，正确的方式是（ ）。

   A. 主播的身体最好侧对着摄像头

   B. 主播面对镜头时最好俯视

   C. 主播身体与手机保持一臂远

   D. 主播头顶的留白占整体画面 1/2

（二）多项选择题

1. 直播电商人才的特征是（ ）。

   A. 一体化　　　　　　　　　B. 专业化

   C. 综合化　　　　　　　　　D. 多元化

2. 主播在打造人设时，可以根据（ ）等维度去发掘自己的辨识度。

   A. 外貌　　　　　　　　　　B. 性格

   C. 行为　　　　　　　　　　D. 习惯话术

3. 根据《网络主播行为规范》，网络主播在提供网络表演及视听节目服务过程中不得出现（　　　　）。

  A. 宣扬封建迷信文化习俗和思想、违反科学常识等内容

  B. 恶搞、歪曲、丑化、亵渎、否定英雄烈士和模范人物的事迹和精神

  C. 对社会热点和敏感问题进行炒作或者蓄意制造舆论"热点"

  D. 未经授权使用他人拥有著作权的作品

  E. 低俗、媚俗、庸俗的语言或画面

 4. 主播培训方案主要包括（　　　　）。

  A. 明确培训目标与培训需求

  B. 确定培训内容和方法

  C. 选择培养主播的方法

  D. 确定培训时间和方式

  E. 进行培训评估与效果分析

 5. 在直播过程中，团队成员需要互相协作配合，团队协作主要技巧有（　　　　）。

  A. 明确角色分工   B. 密切沟通合作

  C. 准备充分的背景资料   D. 灵活应对突发情况

  E. 总结与反馈

（三）判断题

1. 对粉丝进行精准定位，是一个好主播需要具备的能力。 （　　）

2. "吐字无力""吐字含混"和"吐字不圆润"等都是主播常见的发音问题。

  （　　）

3. 主播为了在直播过程中引起粉丝的关注，语速越快越好。 （　　）

4. 团队协作在直播间中起着至关重要的作用，团队协作可以减轻主播工作压力，提高直播质量，还可以增强团队凝聚力。 （　　）

5. 主播在打造人设时，可以从外貌、性格、行为、习惯话术等维度去发掘自己的辨识度。

（四）案例分析题

【案例背景】

  在快速发展的网络直播行业，虚拟主播成为其中一股热门的力量。公司 A 希望通过孵化一个具有个性特点和独特魅力的虚拟主播，吸引更多用户关注并推动品牌

传播。下面是公司 A 孵化虚拟主播"小鱼"的过程。

（一）搜索与甄选

公司 A 首先在网络平台搜索并甄选潜在的虚拟主播，评估其与公司价值观的契合度、自身潜力和创造力。最终，他们选定了一个有潜力的候选主播。

（二）角色创设

公司 A 与选定的候选主播合作，共同开展角色创设工作。公司 A 明确了虚拟主播的性别、外貌、形象和背景故事，并确保角色与公司的用户群体和品牌形象相契合。

（三）技术协同

公司 A 组建了一个专业的技术团队，负责虚拟主播的模型建立、动画制作和互动技术开发。公司 A 与候选主播紧密合作，确保虚拟形象和技术能够完美地展现主播的魅力和个性。

（四）内容创作和推广

公司 A 与候选主播一同策划并创作内容，以吸引粉丝的兴趣和注意力。公司 A 为虚拟主播设计了独特的节目形式、游戏互动和特殊活动，并在社交媒体平台上推广。公司 A 还与其他知名主播合作，增加了虚拟主播的曝光度和影响力。

（五）社群互动

公司 A 建立了一个社群平台，以促进虚拟主播与粉丝的互动和交流。公司 A 定期举办线上活动、比赛和见面会，提供给粉丝与虚拟主播近距离接触的机会，增加了粉丝的归属感和忠诚度。

（六）数据分析和持续改进

公司 A 利用数据分析技术，对虚拟主播的表现和用户反馈进行评估和分析。公司 A 持续改进虚拟主播的节目内容、形象和互动方式，以适应用户的需求和市场变化。

通过以上孵化过程，虚拟主播"小鱼"在舞台上崭露头角，吸引了大量的粉丝和用户关注。她的独特个性和魅力成为公司 A 品牌推广的一大亮点，为公司带来了更多的用户和商机。公司 A 也通过与"小鱼"的合作，积累了更多的经验和专业知识，为未来可能的孵化项目奠定了基础。

请结合学习内容，对案例进行深入分析，试回答以下问题：

1. 公司 A 通过在网络平台搜索并甄选潜在的虚拟主播，最终选定一个有潜力的候选主播。请分析该公司甄选候选主播的方法是否合理，并说明理由。

2. 假设你是该企业孵化虚拟主播负责人，你会如何进一步优化孵化主播流程？请提出具体的建议。

3. 虚拟主播可以根据预设的程序自动进行直播，请查阅有关虚拟主播相关资料，分析在这样的背景下，虚拟主播的优缺点。

 **项目实训**

（一）实训目标

（1）掌握直播电商团队构建的基础知识。

（2）能够组建一个小型直播电商团队并对团队进行有效管理。

（3）培养组建和管理直播电商团队的能力。

（二）实训要求

（1）分组进行。

每 3~5 人一组，选取一名组长。

（2）实训形式。

小组分工协作，按要求组建一个小型直播电商团队，做好角色分配和任务规划。

（三）实训背景

伴随着网络时代流量经济的发展，电商行业迎来了利用直播营销的新契机，农村电商直播的发展对于助力农村欠发达地区的优质但滞销的农产品销售，带动农村地区农民增产增收、脱贫致富起到了很大的促进作用。当前全国已有相当数量的农民进驻各大直播平台，变身成为农村主播。大棚、田野、仓库、池塘等原本农村随处可见的场所，到处都有农村主播的身影。

农村电商虽然在拓展农产品销售市场和提高销售产值的应用中已渗透到各个方面，在加快农村涉农电商发展、满足农产品客户需求等方面都存在积极的作用，但是农村电商直播仍然属于新兴行业，总体还处于初步的探索阶段，存在着直播水平欠缺、专业人才匮乏、专业团队支撑不力等问题。

为全面贯彻落实党的二十大精神，积极推进乡村振兴，加快实现"三高四新"美好蓝图，湖南省教育厅联合省乡村振兴局等部门共同开展首届湖南省职业院校乡村振兴公益直播大赛活动，并通过系列巡讲培训活动，旨在协助各参赛学校顺利开展赛事活动，助力广大参赛队伍了解大赛、积极参与大赛，掌握运营技巧和增强直播带货能力，在比赛中展现湖湘职教青春风采、智慧与力量，真正用公益直播"小镜头"做好乡村振兴"大文章"；同时，为乡村发展选拔培养出一批懂短视频、会直播、会运营的"新电商人才"和"新农人"队伍，为推动职业教育服务乡村振兴战略按下"加速键"。

（四）实训内容

1. 任务名称
乡村振兴公益直播大赛直播团队的组建。

2. 任务描述
根据首届湖南省职业院校乡村振兴公益直播大赛直播目标与要求，结合学院经费、场地等资源投入，各参赛团队确定直播岗位设置，从而组建一个小型学生农产品直播带货团队。

任务一：设计完成直播运营定位分析。
任务二：设计完成直播电商团队组建。

（五）实训指导

1. 直播运营定位分析
依据直播大赛直播平台和直播选品情况进行直播运营定位：
第一步，根据选品，分析其目标定位、用户定位、类型定位及平台定位。
第二步，根据直播运营各项定位内容的分析，填写相应的规划依据，具体的定位分析表如表 2-15 所示。

◉ 表2-15　直播运营定位分析表

项目	内容	依据
目标定位		
客户定位		
类型定位		
平台定位		

2. 直播电商团队组建表（如表2-16所示）

◉ 表2-16　直播电商团队组建表

团队名称	岗位名称	岗位人数	岗位职责	任职要求

3. 注意事项

（1）依据乡村振兴农产品销售直播间情况，确定直播团队所需要的岗位设置。

（2）根据经费预算、工作内容，安排每个岗位合适的人数。

（3）明确每个岗位的工作内容，撰写岗位职责。

（4）根据岗位职责，描述相应岗位的要求，可以从技能、个性等多方面考虑。

项 目 三

直播电商策划

【 知识目标 】

▶ 了解直播电商内容策划的原则与流程。

▶ 掌握不同类型的直播电商内容的策划要点。

▶ 熟悉直播电商内容的制作技巧与工具。

【 能力目标 】

▶ 能够根据产品特点和目标受众进行直播电商内容的策划。

▶ 能够撰写直播脚本，为直播带货提供详细的执行指导。

▶ 能够进行直播场景的布置与设备选择，确保良好的直播效果。

▶ 能够根据策划方案组织团队进行直播内容的制作。

▶ 能够根据数据分析优化直播内容，提升转化率。

【 素养目标 】

▶ 强化团队协作精神，促进团队成员间的沟通与合作。

▶ 树立良好的职业道德，确保内容策划与制作的公正性。

▶ 提升审美水平，注重直播内容的品质与用户体验。

案例导入

悦时尚：直播运营策划引领时尚潮流

悦时尚，作为一个新兴的时尚服饰品牌，面临着在竞争激烈的电商市场中脱颖而出的挑战。为了吸引年轻、追求时尚的消费者，悦时尚决定通过精心策划的直播内容，展示自身独特的时尚理念和高品质产品，引领潮流。

为了充分展现品牌的时尚魅力，悦时尚定期举办线上时尚秀场直播。这些直播活动不仅邀请知名时尚博主、模特、明星等参与，还通过高清画质和流畅的音效，为观众带来身临其境的时尚盛宴。在直播中，观众可以欣赏到悦时尚最新款式的服装，并通过互动环节参与投票，选出最受欢迎的款式。这种参与感和体验感让消费者对品牌产生了更深的情感连接。

除了时尚秀场直播，悦时尚还推出了一系列穿搭教程直播，邀请时尚达人分享穿搭技巧和搭配建议。这些直播内容不仅展示了悦时尚的产品如何与其他品牌服饰搭配，还提升了消费者的整体造型能力。通过这些穿搭教程，消费者不仅能够学到如何搭配悦时尚的服饰，还能够提升自己的时尚品位。

为了增加用户参与度和黏性，悦时尚还举办了多种形式的用户互动直播。这些直播活动邀请粉丝分享自己的穿搭心得和购物体验，让消费者在互动中感受到品牌的关怀和温暖。同时，悦时尚在直播中设置了抽奖环节，赠送产品或优惠券作为惊喜奖励，进一步激发了消费者的参与热情。

此外，悦时尚还根据节日、季节或流行趋势等主题，策划了丰富多样的直播内容。比如，在春节期间，他们推出了"新春穿搭指南"直播，向消费者介绍如何搭配悦时尚的服饰迎接新年。这种主题化的直播内容不仅符合消费者的兴趣和需求，还增加了品牌的曝光度和影响力。

通过这些精心策划的直播内容，悦时尚成功吸引了众多用户的关注和参与。这些直播活动不仅展示了悦时尚的品牌特色和价值观，提高了品牌影响力，还增加了用户对品牌的忠诚度和黏性。同时，通过直播电商的形式，悦时尚有效地将流量转化为销售额，实现了品牌的市场扩张和销售目标。

这一案例突出了悦时尚在直播内容策划方面的创新和努力，展示了如何通过精心策划的直播内容吸引用户、提升品牌影响力并促进销售增长。这对于其他品牌开展直播电商运营具有重要的启示和借鉴意义。

 ## 知识准备

一、直播带货类型与内容策划

（一）直播带货类型

直播带货是一种通过实时直播视频形式进行产品展示和销售的商业模式。在直播带货中，主持人或网红主播通过直播平台展示商品，向观众介绍产品的特点、用途和优势，并进行销售推广。观众可以通过在线直播平台与主播进行互动，提问、评论和购买商品。

直播带货已经成为电商和品牌营销的一种重要方式，它能够提供更直观、真实的产品展示和销售体验，增强用户购买决策的信心和满意度。

直播带货根据直播形式和产品来源的不同分为以下几类：

1. 根据直播形式分类

（1）卖货型直播。卖货型直播以销售产品为核心目标，主播通过展示产品的特点、优势和使用方法，引导观众进行购买。

主播通常会使用各种销售技巧和话术，强调产品的独特性和性价比，同时配合限时优惠、折扣等促销手段，激发观众的购买欲望。

（2）场景引入型直播。场景引入型直播注重在特定场景或环境中展示产品的使用方式和效果，使观众能够更好地理解和体验产品的实际应用。

主播会将产品放置在真实的使用场景中，例如户外、厨房、健身房等，通过实地演示和讲解，展示产品的实际功能和优势。观众可以直观地看到产品在不同场景下的表现，从而更容易产生购买意愿。

（3）教学型直播。教学型直播是一种结合教育和销售的直播形式，其核心在于通过传授知识、技能和经验来吸引观众，并在此过程中推销相关产品。

主播通常会扮演导师或专家的角色，通过详细的讲解、示范和互动，帮助观众更好地理解和掌握产品的使用方法和技巧。直播内容通常比较深入和专业，适合对某一领域有浓厚兴趣的观众。

（4）供应链型直播。供应链型直播主要展示产品的制造过程和品质保障，主播会带领观众参观产品的生产线或仓库，介绍产品的制造流程和品质控制标准。

主播通过带领观众走进产品的生产源头，让观众了解到产品的原材料来源、生产工艺、品质检测等环节，从而更加信任和认可产品的品质。这种直播形式有助于建立品牌的透明度和信誉。

不同形式直播带货特点总结如表 3-1 所示。

⊙ **表 3-1 不同形式直播带货特点**

直播类型	定义	特点	典型例子
卖货型直播	主播通过展示商品特点、价格优势等，引导观众进行购买	直播内容直接，以销售为目的，通常会有明确的促销策略	工厂秒杀、珠宝玉石、鞋服箱包、美妆护肤等产品的直播
场景引入型直播	以展示产品使用功能为主，主播会在特定的场景或环境中使用并介绍产品	直播内容注重产品实际应用，增强观众对产品的理解和信任	运动健身器材、厨具、家居家具等产品的直播，主播可能会在实际使用环境中展示产品
教学型直播	以课程教学内容为主，主播会教授观众如何使用产品或介绍与产品相关的专业知识，并在此过程中推销相关产品	实时互动地传授专业知识和技能，提供个性化的学习体验，同时不受时间和地点限制，融合多样化的内容形式	乐器类、教具类等产品的直播，主播可能会进行演奏示范或教学指导
供应链型直播	以展示场地制作工艺为主，主播会带领观众参观产品生产线或仓库，介绍产品的制造过程和品质保障	直播内容注重产品的供应链透明度，使消费者建立对产品品质的信任	果园、水产、珍珠、户外产品等的直播，主播可能会展示产品的种植、养殖或生产过程

2. 根据产品来源分类

（1）企业直播（商家自播）。企业直播是由商家自己搭建的直播团队进行的直播带货，主要以推广自家的品牌和产品为目标。

商家通过组建自己的直播团队，利用自家的品牌和产品资源，进行直播带货。直播内容通常以品牌和产品推广为主，旨在提升品牌知名度和产品销售量。商家可以根据自己的需求和资源，灵活安排直播时间和内容，与观众建立更紧密的联系。

（2）达人直播。达人直播是与具有一定影响力和粉丝基础的网红、明星或专业主播合作进行的直播带货，商家借助达人的影响力和粉丝基础来推广和销售产品。

商家与达人进行合作，利用达人的直播平台和粉丝资源来进行产品销售。达人通常具有较大的粉丝基础，因此也会有较强的影响力，能够通过自己的魅力和专业知识吸引观众关注，并引导观众购买推荐的产品。商家可以通过与达人合作，快速扩大产品的曝光度和销售渠道。

（3）直播代运营。直播代运营是商家将直播带货业务交给专业的代运营公司或团队来管理和执行，包括直播策划、主播培训、直播间搭建、内容制作、数据分析等全方位服务。

商家将直播带货的业务完全交给专业的代运营公司或团队来负责。商家无需自己组建直播团队，可以节省人力和物力投入，并借助代运营公司的专业经验和资源，提高直播效果和转化率。

不同产品来源直播带货特点的总结如表 3-2 所示。

● 表 3-2　不同产品来源直播带货特点

直播类型	定义	特点	典型例子
企业直播（商家自播）	商家自己搭建直播团队，依托自有品牌直播产品，主要为自家产品进行直播带货	直播内容通常以品牌和产品推广为主，观众多为品牌粉丝，关注品牌动态和新品发布	淘宝、拼多多等电商平台上的品牌官方直播间
达人直播	商家与具有一定影响力和粉丝基础的网红、明星或专业主播合作，通过他们的直播间进行产品推广和销售	利用达人的影响力和粉丝基础，提高产品的曝光度和购买转化率	抖音、快手等社交平台上的知名主播进行的直播带货

直播类型	定义	特点	典型例子
直播代运营	商家将直播业务交给专业的代运营公司或团队进行管理和执行，包括直播策划、主播培训、直播间搭建、内容制作、数据分析等全方位服务	商家无需自己组建直播团队，可以节省人力和物力投入，同时借助代运营公司的专业经验和资源，提高直播效果和转化率	一些专注于电商直播的代运营公司，如杭州星耀传媒、金柿子传媒等，为品牌商家提供全方位的直播代运营服务

（二）直播内容策划

直播内容策划是直播成功与否的关键环节，它涉及直播的目标、主题、内容结构、互动环节、推广宣传等多个方面。以下是直播内容策划的一些关键步骤和要素。

1. 明确直播目标和粉丝画像

（1）明确直播目标。需要明确的是，直播是为了增加品牌曝光度、推广新产品、提高销售额，还是为了与用户建立更紧密的联系？一般而言，直播有以下几类目标。

① 设定销售目标。如果直播是为了推广产品，可以设定具体的销售额或销售数量目标。

② 品牌宣传目标。通过直播提升品牌知名度，塑造品牌形象或增强品牌认同感。

③ 用户增长目标。通过直播吸引新粉丝，扩大粉丝基数，并提高粉丝活跃度。

④ 用户互动目标。设定直播中的互动率目标，如评论数、点赞数、分享数等，以衡量观众参与度。

直播目标的设定要具体、可衡量，例如"在直播期间吸引 1 000 名新关注者"，或者"直播后，实现 5% 的销售增长率"。

（2）描绘粉丝画像。

① 研究粉丝画像。深入了解现有的粉丝或目标受众。这包括他们的年龄、性别、兴趣、需求、购买习惯等。粉丝特征标签（如表 3-3 所示）有助于店铺更准确地了解粉丝的特征和需求，从而为他们提供更加个性化的服务和推荐。同时，通过对粉丝特征标签的分析，店铺还可以优化商品结构、调整营销策略，提高销售效果。

② 分析受众偏好。基于粉丝画像，分析受众的喜好、痛点和关注点。这有助于确定直播内容的细节，以吸引并留住目标受众。

⊙ **表3-3 店铺常用的粉丝特征标签**

标签类型	维度	具体描述
基础属性标签	年龄	如 18~24 岁、25~34 岁、35~44 岁等
	性别	男、女
	地域	如北京、上海、广东等省份或城市
购买能力标签	消费等级	如高消费、中消费、低消费
	购买频率	如经常购买、偶尔购买、很少购买
	客单价	平均每次购买的金额
行为特征标签	浏览习惯	如喜欢浏览哪些商品类别、浏览时长等
	购物偏好	如喜欢购买哪些商品、对哪些品牌有偏好等
	互动行为	如是否喜欢留言、分享、点赞等
心理特征标签	购物动机	如追求品质、追求性价比、追求时尚等
	情感倾向	如对店铺或商品的情感态度等
	品牌忠诚度	如对店铺或品牌的忠诚度等
其他标签	会员等级	如 VIP、SVIP 等
	活动参与度	如是否喜欢参与店铺的促销活动等

2. 确定直播主题

（1）与直播目标相结合。选择与直播目标最相关、最能引起观众兴趣的主题。确保主题能够清晰地传达直播的核心信息。

（2）突出独特性和创新性。尽量避免与竞争对手或市场上其他直播内容重复的主题，选择新颖、独特的主题，以吸引观众的注意力。

（3）与品牌或产品特点相结合。如果直播是为了推广品牌或产品，主题应与品牌或产品的特点紧密相关，展示品牌故事或产品特色。

3. 规划直播脚本

（1）制定内容框架。根据直播主题和受众需求，制定详细的内容框架。框架包括开场白、主要讲解内容、互动环节和结尾。确保内容逻辑连贯，能够吸引观众的注意力。

（2）融入互动环节。在脚本中融入有趣的互动环节，如提问、投票、抽奖等。这些互动不仅可以增加观众的参与度，还能增强直播的趣味性。

（3）确定直播形式与节奏。根据内容框架和互动环节，选择合适的直播形式和节奏。确保直播内容既具有实际意义或娱乐价值，又能保持观众的兴趣和注意力。

（4）制作脚本草案。根据以上策划，制作详细的脚本草案。其中包括各个部分的文字描述、时间安排、嘉宾介绍等。脚本草案应作为直播执行的基础，确保直播过程的顺利进行。

4. 确保技术支持

直播团队要为直播提供稳定的设备和网络连接，确保直播的顺利进行。这可能包括高质量的摄像头、麦克风、稳定的网络连接等要素。如果条件足够，可以组建一个技术支持团队，随时准备解决直播过程中可能出现的技术问题。在直播前，一般需要进行设备测试，确保所有设备都能正常工作。同时，准备必要的设备备份，以防设备出现故障。

5. 推广与宣传直播

（1）制定推广策略。一般可以利用社交媒体、电子邮件、合作伙伴等渠道进行直播推广。制定有效的宣传计划，可以提高直播的曝光度和关注度。

（2）创造话题与互动。通过发布预告、邀请嘉宾、举办互动活动等方式创造话题，吸引更多观众参与直播。

表3-4列示了一些直播推广与宣传技巧。

⊙ 表3-4 直播推广与宣传技巧

直播阶段	推广方式	具体描述
直播前	发布预告	提前在社交媒体、官方网站、邮件列表等渠道发布直播预告，引起观众兴趣
	合作推广	与合作伙伴、意见领袖或重要影响者合作，共同推广直播，扩大曝光度
	互动预热	通过社交媒体互动、问答、抽奖等方式，提前激发观众参与直播的热情
直播中	实时互动	在直播过程中，通过弹幕、评论、点赞等方式与观众实时互动，提高观众参与度
	邀请嘉宾	邀请行业内有影响力的嘉宾参与直播，通过他们的推荐吸引更多观众
	跨平台推广	将直播内容同步到其他平台，如微博、抖音等，增加观众来源

直播阶段	推广方式	具体描述
直播后	分享回放	直播结束后，分享回放视频，让错过直播的观众也能观看
	发布总结	在社交媒体上发布直播总结、亮点回顾或感谢帖，增加观众黏性
	收集反馈	通过问卷调查、评论回复等方式收集观众反馈，以便改进未来的直播内容

6. 分析与优化直播效果

（1）收集与分析数据。在直播结束后，收集并分析观众数量、互动率、转化率等关键数据。这些数据将帮助直播团队了解直播的效果和改进空间。

（2）持续优化内容。根据数据分析结果，持续优化直播内容和策略。例如，调整互动环节的设计、改进直播形式等，以提高未来的直播效果。

二、直播脚本的撰写

（一）直播脚本的撰写目的和重要性

1. 直播脚本的撰写目的

（1）规划直播流程。撰写直播脚本首先是为了确保直播流程的有序进行。通过事先的脚本设计，团队能够清楚地知道每个环节的内容和时间分配，避免直播过程中出现混乱或遗漏。

（2）明确目标与策略。直播脚本包含了明确的营销目标和策略。无论增加品牌曝光、推广新产品，还是提高销售额，脚本都为主播和团队提供了一个明确的方向。

（3）提高用户体验。精心设计和撰写的直播脚本能够为观众带来更加流畅和有趣的观看体验。明确的主题、有吸引力的内容和互动环节，都能够增加用户的参与度和黏性。

（4）增强品牌形象。直播脚本不仅是销售的工具，也是品牌塑造的媒介。通过脚本的设计和撰写，可以展现品牌的特色、文化和价值观，从而增强品牌在用户心中的形象。

2. 直播脚本的重要性

（1）保障直播效果。有了直播脚本，团队可以在直播前进行充分的准备和彩排，从而大大减少直播中的错误和不确定性。这不仅能够提高直播的专业性，还能够提高直播效果，达到预期的概率。

（2）提高转化率。一个优秀的直播脚本，往往能够吸引观众的注意力并激发他们的购买欲望。通过明确的产品介绍、互动环节和促销策略，可以大大提高直播的转化率，实现销售目标。

（3）应对突发情况。在实际直播过程中难免会出现一些突发情况。通过事先准备好的脚本，主播可以更快地应对这些突发情况，减少因紧张或不知所措而导致的失误。

（4）促进团队协同。直播脚本是团队协同工作的基础。通过脚本内容的构建，每个成员都清楚自己的职责和任务，从而能够更加高效地配合，确保直播的顺利进行。

（二）直播脚本的撰写原则

在撰写直播脚本时，为了确保直播内容的质量、观众的参与度和整体的营销效果，需要遵循以下几个重要原则。这些原则共同构成直播脚本撰写的基础框架，为直播的成功提供有力保障。

1. 简洁明了

（1）信息精练。脚本中的文字描述应该简短而精练，避免冗长和繁琐的叙述。每个句子都应该承载有价值的信息，确保直播团队和观众能够在短时间内快速理解。

（2）语言通俗。使用通俗易懂的语言，避免过于专业或复杂的词汇，让更广泛的观众群体能够轻松理解直播内容。

（3）结构清晰。脚本的结构应该清晰明了，段落分明，方便主播和观众快速把握整体内容和思路。

2. 突出重点

（1）强调核心卖点。在脚本中，要突出产品的核心卖点和优势，通过生动、形象的语言描述，让观众对产品产生浓厚的兴趣和购买欲望。

（2）内容聚焦。直播脚本的内容应该聚焦于直播的主题和目标，避免偏离主题，确保所有内容都与整体目标紧密相连。

（3）重点信息前置。将重要的信息或亮点放在直播的开头或关键节点，以吸引观众的注意力，提高观众的参与度和留存率。

3. 互动性强

（1）设计互动环节。在脚本中，应设计多种互动环节，如提问、抽奖、投票等，以此激发观众的参与热情，提高直播的互动性。

（2）观众参与引导。在脚本中设置引导语或提示，鼓励观众积极参与互动，表达自己的观点和意见，增强观众的参与感和黏性。

（3）实时互动反馈。在直播过程中，主播须密切关注观众的实时反馈，如弹幕、评论等，并及时回应和讨论。这种即时的互动反馈不仅能让观众感受到被关注和重视，还能帮助主播调整直播内容和节奏，以满足观众的需求和兴趣。通过实时互动反馈，主播与观众之间能够建立起更加紧密的联系，增强直播的互动性和吸引力。

4. 灵活可变

（1）预留调整空间。考虑到直播过程中的不确定性和变化性，脚本应预留一定的调整空间，允许主播根据实际情况进行灵活调整。

（2）应对突发情况。设计备用方案或替代内容，以应对可能出现的意外情况或技术问题，确保直播顺利进行。

（3）实时数据分析。在直播过程中，主播和团队要实时关注数据分析结果，根据观众反馈和互动情况对脚本进行动态调整，以提高直播的效果和转化率。

遵循以上撰写原则，就能够确保直播脚本既简洁明了又重点突出，同时具有很强的互动性和灵活性。这样的脚本不仅能够吸引观众的注意力，增强直播的观赏性，还能够实现销售目标，提升品牌形象，实现直播电商的最佳运营效果。

（三）直播脚本的基本结构

1. 开场白

开场白中，需要简要介绍直播的主题和目的，激发观众的兴趣。其主要内容包括：简短问候，感谢观众的到来；简要介绍当天的直播主题、特色产品或活动；提示观众关注直播间的互动方式，如弹幕、点赞、分享等。

2. 产品介绍

产品介绍应详细展示产品的特点、功能和优势，激发观众的购买欲望。主要内容包括：介绍产品的外观、材质和设计；演示产品的核心功能和使用方法；比较分析其他产品或市场竞争对手；分享产品的适用场景和使用案例。

3. 互动环节

为了增加观众的参与感，提高直播的趣味性和黏性，可设计提问答题、抽奖福利、发放红包、话题投票、才艺展示、连麦或游戏互动等互动环节。设计过程中应充分了解粉丝群体的特点和喜好，综合他们的年龄、性别、地域分布、文化背景、消费水平等因素，策划满足粉丝需求的互动活动。

4. 促销策略

介绍直播期间的优惠政策和促销方式，刺激观众的购买欲望。主要包括：介绍直播期间的限时折扣及满减优惠；推广会员制度或积分兑换活动；强调促销活动的有效期限和数量限制，制造紧迫感。

5. 结束语

在结束时，简要回顾直播的亮点和产品介绍、感谢观众的参与和互动；鼓励观众分享直播内容，引导观众关注品牌社交媒体账号或加入粉丝群等；进行下场直播预告，引导观众关注后续活动。

（四）直播脚本的构成要素

直播脚本是一个详细的计划，它预先规划了整个直播活动的内容、顺序、时间分配以及互动环节等关键要素。直播脚本通常包括直播主题、直播目标、基本信息、商品规划，以及各个部分的详细步骤环节和互动设计的直播流程，其基本构成要素见图3-1。

1. 直播主题

确定直播主题需要综合考虑产品、用户需求、促销活动、品牌文化等多个元素，并结合电商平台的特点和目标受众的喜好进行选择和调整。针对春节、三八妇女节、端午节、七夕节、中秋节、元旦等不同的节日，商家结合店铺类型策划与

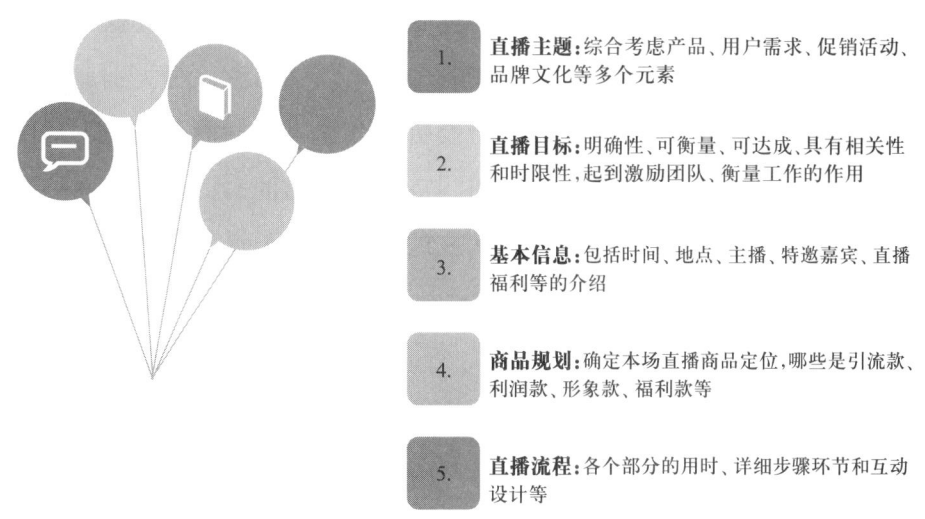

1. **直播主题**：综合考虑产品、用户需求、促销活动、品牌文化等多个元素

2. **直播目标**：明确性、可衡量、可达成、具有相关性和时限性，起到激励团队、衡量工作的作用

3. **基本信息**：包括时间、地点、主播、特邀嘉宾、直播福利等的介绍

4. **商品规划**：确定本场直播商品定位，哪些是引流款、利润款、形象款、福利款等

5. **直播流程**：各个部分的用时、详细步骤环节和互动设计等

⊙ **图 3-1 直播脚本的基本构成要素**

节日有关的直播主题，例如："跨年狂欢夜，迎接新篇章！"；针对周年庆活动，商家可以策划感恩回馈粉丝的直播主题，例如："感恩有你，共庆周年盛典！"；针对"双十一""双十二""618"等平台大促，商家可以策划购物狂欢节主题，例如："欢庆双十一，购物狂欢不止步！"；针对日常直播，商家也可以周期性地策划日主题、周主题、月主题等。

2. 直播目标

直播目标的制定是直播策划中非常关键的一步，它决定了直播的方向、内容和评估标准。根据 SMART 原则，目标要具有明确性，能够清晰传达给所有参与直播的人员；具有可衡量性，能够通过数据或指标来评估是否达成；具有可达成性，是基于现实情况和资源能力可以实现的；具有相关性，与品牌或平台的整体战略和直播主题要紧密相关；具有时限性，以便在特定时间内进行评估和调整。制定目标时，应充分考虑观众需求、品牌形象、市场竞争、资源能力、业务目标等因素，设定具体的直播目标，如观看人数、互动次数、销售额等。

3. 基本信息

其中主要包括直播时间、地点、主播、特邀嘉宾、直播福利等相关内容的介绍。

4. 商品规划

商品规划涉及直播中展示和销售的商品种类、价格定位、目标受众等多个方面。在确定一场直播的商品规划时，首先要明确商品定位，根据商品优势和卖点，将直播商品划分为引流款、利润款、形象款、福利款等类别。引流款通常是价格较低、受众广泛的商品，用于吸引观众进入直播间，提高直播间的曝光度和人气。利润款则是价格较高、利润空间较大的商品，是直播间的主要盈利来源。形象款则是代表品牌形象和品质的商品，用于提升品牌知名度和美誉度。福利款则是为了回馈观众而设置的商品，通常以优惠价格或赠品形式出现，增加观众的参与度和黏性，还可以根据直播主题和观众需求设置其他类型的商品，如限时特惠、组合套餐等。这些商品的设置可以丰富直播内容，提高观众的购买兴趣和转化率。做商品规划时，还需要考虑商品的品质、价格、库存等因素。

5. 直播流程

通过预先设计直播流程脚本，主播和团队可以更加清晰地了解直播的整体框架，避免在直播过程中出现混乱或遗漏重要内容的情况。同时，也有助于提高直播的专业性和吸引力，使观众获得更好的观看体验，确保直播活动的顺利进行，提高直播的效率。此外，直播流程脚本应根据实际需求进行调整和优化。例如，可以根据观众的反馈和互动情况对直播内容和互动环节进行实时调整，以提高观众的参与度和留存率，具体的直播流程脚本模板如表 3-5 所示。

◉ 表 3-5　直播流程脚本模板

一、直播主题	
二、直播目标	
三、基本信息	
时间	
地点	
主播	
特邀嘉宾	
直播福利	

四、商品规划			
序号	商品定位	产品	产品信息
1	引流款		
2	利润款		
3	形象款		
4	福利款		
......			

五、直播流程			
序号	时间 / 分钟	环节	直播脚本
1			
2			
3			
4			
5			
......			

（五）单品直播脚本的构成要素

单品直播脚本是针对某一产品进行直播推广的脚本，其目的是通过详细地规划和呈现，使直播过程更加流畅，更加有针对性，从而提高商品的曝光度和转化率。单品直播脚本通常包含以下几个要素。

1. 讲解时间

明确每个环节的讲解时长，确保整体直播节奏紧凑且不失重点。例如：话题引入 1 分钟，品牌介绍 1 分钟，产品卖点 4 分钟，产品展示 3 分钟，粉丝互动及商品活动 3 分钟。

2. 话题引入

通常包括产品痛点、产品使用场景引入。分析目标用户的需求和痛点，强调产品如何满足他们的期望，如描述产品适用的场景有户外活动、家居使用等，帮助观众想象拥有后的使用体验。

3. 品牌介绍

简要介绍品牌的历史、文化背景和核心价值，强调品牌的信誉和口碑，为产品打下信任基础。

4. 产品讲解及展示

① 产品卖点。外观上，描述产品的外观设计，如颜色、材质、造型等，突出其美观和独特性。功能上，详细阐述产品的核心功能，如何满足用户需求或解决问题。特点上，介绍产品的独特之处，如技术创新、材质优势等。

② 产品展示。通过实物展示、模特试穿、现场使用等匹配实际产品的方式，全面展示产品的外观和功能。展示过程中可以与粉丝互动，解答他们的疑问。

③ 利益点。介绍在直播间购买产品的专属优惠和福利，如限时折扣、赠品等。强调直播间购物的便利性和安全性，如 24 小时内发货、退换货政策等。

具体的单品直播脚本模板示例如表 3-6 所示。

⊙ 表 3-6　单品直播脚本模板示例

单品直播脚本					
讲解时间	时长规划： 【话题引入】 【品牌介绍】 【产品卖点】 【产品展示】 【粉丝互动及商品活动】 ……				
话题引入	产品痛点或产品使用场景引入				
产品讲解 及展示	产品名称	产品规格	产品卖点	利益点	粉丝答疑	备注
粉丝互动	（1）互动时间节点 （2）互动模式 （3）互动礼品（注意：如果送奖品是否包邮，是否需要下单才送，邮寄是否随订单）				

主题讨论

小组讨论单品直播脚本策划的主要内容有哪些？操作步骤有哪些？关键点有哪些？

直播脚本策划的进阶艺术与实战技巧

直播脚本策划作为直播内容的核心组成部分,其重要性不言而喻。一个精心策划的直播脚本,不仅能够确保直播内容的连贯性和吸引力,还能在有限的时间内最大化地传递信息,增强观众的参与感和黏性。

一、直播脚本策划的进阶艺术

(一)情感共鸣的融入

(1)在策划直播脚本时,考虑目标观众的情感需求,通过故事、案例或情感化的语言,与观众建立情感共鸣,增强观众的代入感和认同感。

(2)利用心理学原理,如马斯洛需求层次理论,分析观众的心理需求,并在直播脚本中巧妙融入。

(二)创新元素的引入

(1)在传统直播脚本的基础上,尝试引入新的元素和形式,如虚拟现实(VR)、增强现实(AR)、互动游戏等,为观众带来全新的视听体验。

(2)借鉴其他领域的创新思路,如影视制作、舞台表演等,将其应用到直播脚本策划中,打破传统界限,实现跨界融合。

(三)数据驱动的策划

(1)利用大数据分析工具,分析观众的行为数据、兴趣偏好等,为直播脚本策划提供数据支持。

(2)根据数据分析结果,调整直播脚本的内容、形式和时间安排,以更好地满足观众的需求和期望。

二、直播脚本策划的实战技巧

(一)明确目标与定位

(1)在策划直播脚本前,明确直播的目标和定位,如品牌宣传、产品推广、知识分享等。

（2）根据目标和定位，确定直播的主题、内容和形式，确保直播内容符合目标观众的需求和期望。

（二）注重内容的层次感

（1）在直播脚本中设置多个高潮点，通过悬念、反转等手法，吸引观众的注意力。

（2）合理安排内容的先后顺序和逻辑关系，确保直播内容的连贯性和层次感。

（三）强化互动与参与

（1）在直播脚本中设置多个互动环节，如问答、投票、抽奖等，鼓励观众积极参与。

（2）利用社交媒体等渠道，提前发布直播预告和互动话题，吸引更多观众关注和参与。

（四）灵活应对突发情况

（1）在直播过程中，可能会出现一些突发情况，如技术问题、嘉宾缺席等。因此，在策划直播脚本时，需要考虑到各种可能出现的突发情况，并制定相应的应对措施。

（2）在直播前进行充分的预演和彩排，确保各个环节的顺利进行。同时，建立应急预案，以便在出现突发情况时能够迅速应对。

三、直播场景布置与设备选择

（一）直播场景布置

1. 选择直播场地

（1）搭建室内直播间。室内直播间是最常见的直播间，大部分直播都需要通过搭建专业的室内直播间进行直播，如图 3-2 所示。搭建室内直播间主要考虑以下四个因素：① 直播间环境。包括大小与布局、背景与装饰、隔音与音

◉ **图 3-2　室内直播间**

响、通风与照明等。② 灯光。包括主光、辅光、背景光、轮廓光、灯光色温与亮度等。③ 收音设备。包括麦克风、调音台、声卡和隔音设备等。④ 拍摄设备。包括手机、相机、摄像头、摄像机、计算机、三脚架、云台稳定器、滑轨等。

此外，还要注意设备的连接与调试，确保直播过程中不会出现技术问题。同时，为了提升观众的观看体验，可以考虑添加绿幕、道具等元素，丰富直播内容。

（2）直播场地设在室外场地真实场景中。食品类直播，尤其是直播卖水果、海鲜等新鲜食材时，室外直播场地是一个很好的选择，可以使得直播更具真实感、生动性和互动性，如图3-3所示。具有的优势体现在以下方面：① 原产地直播。对于水果、海鲜等产品，直接在其原产地进行室外直播可以让观众看到产品的真实生长环境和采摘过程，增加观众对产品的信任度和购买欲望。② 展示新鲜度。室外直播可以实时展示产品的新鲜程度，如水果的颜色、光泽，海鲜的活力等，这些都是室内直播难以达到的效果。③ 结合当地文化。室外直播还可以结合当地的自然风光、民俗文化等，为观众提供更加生动、有趣的农产品购买体验。

◉ **图3-3 室外直播场景**

除了上述产品，还有一些产品也适合在室外进行直播销售。例如户外装备与运动产品，户外服装、鞋子、帐篷、运动器材等，可以通过在室外场地展示这些产品的实际使用效果，让观众更直观地了解产品的性能和特点。例如汽车与摩托车，可以在汽车展厅或赛道上，展示汽车或摩托车的外观、性能和驾驶体验；旅游机构或景区可以通过室外直播向观众展示景点的风光、特色以及旅游体验；在音乐会、展览、庆典等大型活动中，室外直播可以吸引更多人关注和参与，提高活动的知名度和影响力。

选择室外真实场景进行直播也需要注意一些挑战和限制，如天气变化、设备保护、网络安全等问题。

2. 搭建直播场景

搭建直播场景，需要对直播场地、直播间风格、背景与装饰、直播间贴片等进行规划与设计，营造美观整洁的直播环境，提升用户的观看体验和购买欲望。

（1）规划大小适中的直播间。直播间的面积大小可以根据实际需要和用途来确定。个人主播通常可以选择一个相对较小但足够宽敞的空间，一般为8~15平方米，以便能够自由地移动并与观众互动。团队直播除了主播，还可能有辅播、场控、助理等，则需要更大的场地，场地标准一般为20~40平方米，以便容纳团队成员和设备。

再比如，美妆类直播间通常选择8平方米大小的空间就已足够，如图3-4所示。而服饰类直播间则需要更大的空间和景深，以便进行衣服的陈列和展示，如图3-5所示。以上仅为常见标准，具体面积大小可以根据实际需要进行调整。

◉ 图3-4　美妆直播间

◉ 图3-5　服装直播间

（2）划分合理的直播区域。搭建直播间时，合理划分直播区域也是必不可少的。通常可以划分为直播区、商品摆放区、后台区及其他区域，不同区域的面积大小和作用不同，具体如表3-7所示。

⊙ 表3-7 直播区域划分

区域	说明	面积大小
直播区	主播直播的区域，展示直播情景和推荐的商品、道具等	个人或商家可根据直播商品的体积大小灵活调整，如3~5平方米
商品摆放区	用于放置需要讲解的直播商品样品。当商品数量较多时，可用货架或货柜分门别类放置商品	个人或商家可根据直播商品的体积大小和数量灵活调整，如8~10平方米
后台区	幕后工作人员的工作区域	个人或商家可根据幕后工作人员的数量和所需设备（如计算机、摄像机）灵活调整，如3~5平方米
其他区域	可作为主播试衣间、化妆间，或放置直播设备、道具等	个人或商家可根据实际需要灵活调整，如3~5平方米

（3）设定直播间风格。直播场地的布置和直播间风格应该与直播品类、品牌形象、用户群体、主播人设相符合。这有助于增强观众对品牌的认知和印象，提升品牌形象。例如童装直播间，可以布置成可爱风格，使用明亮活泼的颜色，以及卡通图案、动物玩具等装饰。而高端成衣则可以打造出现代而简洁的空间感，利用金属、玻璃等材质，以及简洁的照明设计，突出高端成衣的质感和光泽。大众品牌直播间，可以现代简约或清新自然风格为主。奢侈品牌直播间，可以经典奢华或艺术文化风格为主。如果用户群体主要为年轻男性，则可以采用偏深色系的科技酷炫风；如果用户群体主要为年轻女性，则可以采用偏浅色性的可爱梦幻风。如果主播是成熟稳重的人设，直播间也应该设定为大气稳重的风格；如果主播是潮流时尚的人设，直播间也可以相应地设定为时尚个性的风格。

（4）布置直播间。

① 布置直播间背景与装饰。在布置直播间背景时，主播需要根据自己的直播内容、个人特点和观众喜好来综合考虑。同时，注意保持背景的整洁、美观和与直播内容的协调性，为观众提供舒适、专业的观看体验。以下是几种常见的直播间背景类型。

a. 背景纸。背景纸是最常见的直播间背景之一，通常使用专门的摄影背景纸，颜色多样，易于更换和携带。这类背景适用于各类直播内容，特别是需要快速更换背景或保持整洁的直播场景。它最大的优势就是易于搭配、成本较低，但是要确保背景纸平整无皱褶，避免失真。背景纸的一些样式如图 3-6 所示。

b. LED 屏。LED 屏具有高清显示效果，可以播放视频、图片或动态背景，增加直播的趣味性和互动性，适用于品牌宣传、产品展示、游戏直播等需要动态背景或高清画质的直播内容。它最大的优势是内容丰富，可定制性强，能够与直播内容紧密结合，但要避免背景内容过于复杂或动态效果过于强烈，以免干扰观众对直播内容的关注。LED 屏的样式如图 3-7 所示。

◉ 图 3-6　几种直播背景纸

◉ 图 3-7　直播间 LED 屏

c. 活动海报。活动海报通常用于宣传特定活动或品牌，具有明确的主题和视觉冲击力。活动海报适用于特定活动、促销、品牌推广等直播内容，帮助观众快速了解直播主题。它最大的优势是直观展示活动信息，提升观众参与度。但实际操作过程中要确保海报设计简洁明了，信息突出，避免过于拥挤或复杂的设计，如图 3-8 所示。

d. 实物展示。实物展示是将实际产品或道具作为直播背景，使观众能够更直观地了解产品特点，适用于产品推广、美食制作、手工制作、服饰穿搭等直播内容，可以展示产品实物或制作过程。它最大的优势是真实感强，增加观众对产品的信任度，但要确保展示物品整洁、美观，与直播内容相关，避免过于杂乱或无关物品的干扰，一般的实物展示背景如图 3-9 所示。

◉ 图 3-8　活动海报背景

◉ 图 3-9　实物展示背景

e. 窗帘或布幔。窗帘或布幔可以作为柔和的背景，为直播间增添温馨的氛围，适用于家居生活、时尚穿搭、美妆护肤等直播内容，营造舒适的直播环境。它最大的优势是柔和的光线透过窗帘或布幔，为直播间带来自然的光影效果，如图 3-10 所示。

f. 书架或展示架。将书架或展示架作为背景，可以展示主播的书籍、收藏品或相关产品，增加直播内容的丰富性，适用于阅读分享、知识科普、产品推广等直播内容，展示主播的专业素养和产品特点。它最大的优势是展示个人兴趣和专业素养，增加观众对主播的信任感，如图 3-11 所示。

g. 绿幕背景。绿幕背景可以通过后期处理将背景替换为任何想要的画面，实现虚拟背景的效果，适用于需要频繁更换背景或实现特殊视觉效果的直播内容，如游戏直播、虚拟旅行等。它最大的优势是灵活性强，可以实现多种背景效果，增加直播的趣味性，但需要一定的后期处理技能，确保绿幕平整无皱褶，避免绿色反光干扰画面。绿幕背景如图 3-12 所示。

② 布置直播间贴片。直播间贴片是一种直播信息展示工具，可以用于展示各种关键信息，帮助主播更有效地传达重要内容并提升观众的参与度和购物体验。以下是一些常见的直播间贴片可以展示的信息类型。

a. 商品信息。用于展示正在直播销售的商品的基本信息，如商品名称、价格、优惠信息、尺码推荐、库存情况等。这有助于观众快速了解商品详情，并作出购买决策。

◉ 图 3-10　窗帘背景　　　◉ 图 3-11　书架或展示架背景　　　◉ 图 3-12　绿幕背景

　　b. 个人信息。用于展示主播的姓名、头像、身材数据等个人信息，帮助观众建立与主播的连接和信任。

　　c. 优惠信息。用于突出显示直播间内的优惠券、限时折扣、满减活动等优惠信息，吸引观众参与并促进购买行为。

　　d. 促销活动。用于展示直播间内的促销活动规则、时间限制、参与方式等，引导观众积极参与并享受优惠。

　　e. 直播议程。用于展示提前规划好直播的议程或流程，包括商品介绍、互动环节、抽奖活动等，并通过贴片告知观众，让他们对直播内容有大致了解。

　　f. 品牌信息。用于展示品牌 logo、品牌理念、品牌故事等，提升品牌形象和认知度。

　　g. 互动提示。可以用来鼓励观众参与互动，如提问、点赞、分享直播间等，并提示观众如何参与互动环节，提高直播的活跃度和观众的参与度。

　　h. 购买引导。可以提供购买链接、购买流程指导或支付方式说明等，帮助观众顺利完成购买操作。

　　i. 售后服务。用于展示退换货政策、质量保证、客服联系方式等售后服务信息，消除观众的购买顾虑。

j. 社交媒体信息。如提供主播的社交媒体账号链接或二维码，方便观众在其他平台上关注和互动。

直播间贴片的一般形式如图 3-13 所示。

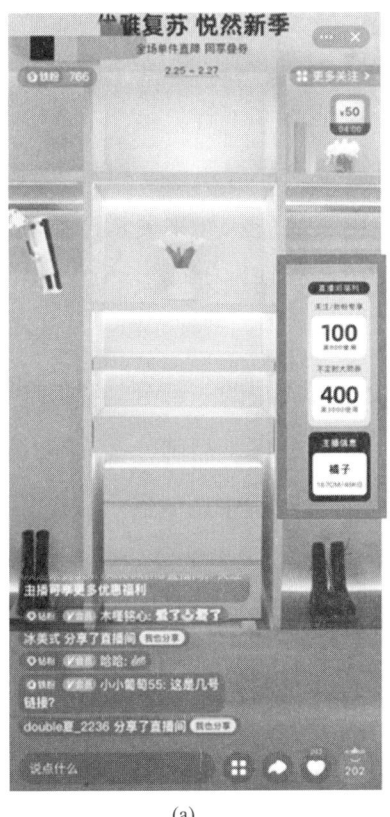 

(a)   (b)

◉ 图 3-13   直播间贴片

（5）准备直播物料。

① 制作物料清单。直播前与厂家、品牌方及主播进行沟通，根据直播主题和目的、直播间布局和风格、展示内容和形式、预算和时间限制，列出整场直播所需物品及其数量。直播物料清单大体上包括直播样品、展示道具、品牌展示物料、产品或活动展示板、其他辅助物料等。

其他辅助物料，如桌椅、水杯、纸巾等，作用是确保直播过程中的基本需求得到满足。

② 准备直播样品。首先，由于直播间和展示台（或展示架）的空间有限，可

能导致并非所有的直播样品都能带进直播间并出现在镜头前。因此，有必要根据市场需求和前期直播的复盘数据，确定带进直播间的样品数量及比例，合理分配引流款、利润款、形象款、爆款、新款等产品的比例。在直播过程中，也可根据观众的需求和反馈及时调整直播间的样品展示。

其次，应该根据产品的特点和直播间的布局，合理安排样品的摆放位置和方式。例如，可以将利润款、形象款放在显眼的位置，新款则可以放在次要位置。同时，样品的摆放要符合人体工程学原则，方便观众观看和了解。

最后，为了更好地展示产品，还需要准备一些产品展示架、演示工具、标签贴纸等，用于展示和介绍产品。例如，可以使用产品展示架来展示产品实物；使用演示工具来演示产品的使用方法和效果；使用标签贴纸来标识产品的特点和优势等。

③ 准备品牌展示物料。品牌展示是直播中不可或缺的一部分。我们应该准备一些与品牌相关的物料，如品牌标识（Logo）、品牌公仔、品牌代言人照片或海报等，以突出品牌形象和价值观。这些物料可以在直播过程中适时展示，加深观众对品牌的印象和认知。

④ 制作产品（或活动）展示板。根据产品的特点和活动的要求，设计并制作一个或多个展示板。展示板上的内容可以包含产品的图片、文字说明、价格信息等内容，也可以包含活动的流程、规则、奖品等信息。展示板应该放在直播间的显眼位置，或者由助理手持举在合适的位置，方便观众观看和了解。

（二）直播设备选择

直播间设备清单可以根据不同的需求和预算有所不同，但以下一些基本的设备，通常被认为是建立一个专业直播间的必备物品。

1. 直播拍摄设备

（1）手机。手机是现代直播中常见的拍摄设备之一。随着手机摄像头技术的不断提升，手机已经成为高质量直播的重要工具。选择具备高分辨率、优秀稳定性和出色低光性能的手机，可以确保直播画面的清晰度和质量。

（2）摄像机或摄像头。除了手机，专业摄像机或高品质的电脑摄像头也是拍摄设备的主流选择。它们可以提供更高级别的画质和更多的拍摄设置，满足更专业和复杂的直播需求。一种分类方式是根据摄像头的分辨率来划分，常见的分辨率有480 P、720 P、1 080 P、2 K 和 4 K。其中，480 P 和 720 P 的分辨率相对较低，适合简单的直播场景；1 080 P 是目前主流的高清摄像头分辨率，适合大部分直播场景；而 2 K 和 4 K 则适合追求极致画质的直播场景。另一种分类方式是根据摄像头的其他特性来划分，如内置麦克风、帧率和广角等。内置麦克风的摄像头可以方便直播时收音，而帧率则决定了画面的流畅度，一般来说，帧率越高，画面播放就越流畅。广角决定了摄像头能捕捉到的画面范围，广角越大，画面包含的内容范围就越大。此外，根据镜头的类型，直播间摄像头还可以分为固定焦距镜头、变焦镜头、鱼眼镜头、微距镜头、红外镜头和全景镜头等。不同的镜头类型具有不同的特点和应用场景，可以根据实际需求进行选择，图 3-14 给出了一种直播摄像头的样式。

（3）三脚架和支架。这些设备用于稳定摄像头或手机，防止画面抖动。三脚架可以提供稳固的支撑，而支架则可以调整摄像头或手机的高度和角度，确保画面质量，其一类样式如图 3-15 所示。

（4）滑轨和稳定器。对于需要移动拍摄的直播内容，滑轨和稳定器可以提供平滑、稳定的画面效果。滑轨允许摄像头或手机在水平方向上移动，如图 3-16 所示，而稳定器则可以帮助抵消手抖等因素引起的画面抖动。

◉ 图 3-14　直播摄像头　　　◉ 图 3-15　手机及支架　　　◉ 图 3-16　电动滑轨

2. 声音设备

（1）麦克风。麦克风是捕捉主播声音的关键设备。选择音质好、降噪能力强的麦克风，如电容式或领夹式麦克风，分别如图 3-17 和图 3-18 所示，可以确保声音清晰、自然。

◉ 图 3-17　电容式麦克风

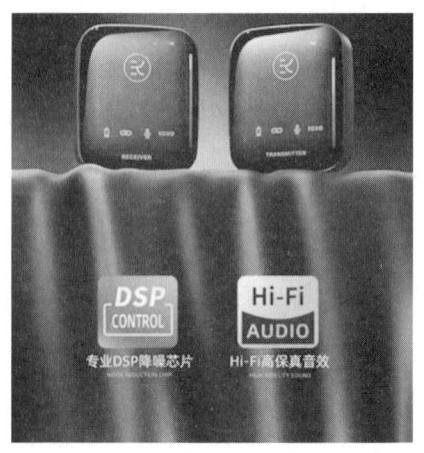

◉ 图 3-18　领夹式麦克风

（2）直播声卡。直播声卡是专门为直播设计的一种音频处理设备，它可以帮助主播提升音质、增加音效，并且方便地管理和控制直播中的音频信号，如图 3-19 所示。

（3）耳机。直播耳机是主播在进行直播时佩戴的一种耳机设备，它具有降噪功能，减少外界噪声对直播的干扰，允许主播实时监听自己的声音，这有助于调整语速、音量和语调。主播还可以监听背景音乐或其他音效的音量，确保它们在直播中保持适当的水平。现在大部分直播耳机集成了麦克风，如图 3-20 所示，为主播进行语音交流或唱歌等活动提供了便利。

◉ 图 3-19　直播声卡设备

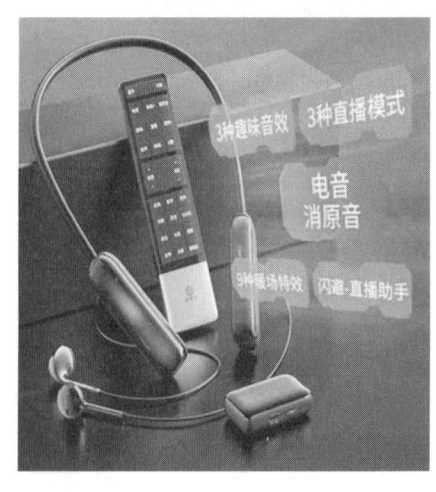

◉ 图 3-20　无线声卡监听耳机

3. 灯光设备

直播间灯光是直播环境中不可或缺的一部分，它不仅能够照亮主播和产品，还能营造出不同的氛围和效果。下面介绍几种常见的灯光设备，其基本应用场景如图 3-21 所示。

柔光箱，辅助灯

柔光球，主灯

柔光球，主灯

环形灯，辅助灯

● **图 3-21　灯光设备应用场景**

（1）主光。主光是直播间的主要光源，负责照亮主播的面部和整体形象，使其看起来明亮、自然。主光通常放置在主播的正面，与摄像头的镜头光轴形成 0~15 度的夹角。主光能使主播的脸部柔和，起到磨皮美白的效果，同时突出主播的主要特征。常见的主光有环形灯、LED 补光灯等。环形灯因其光效均匀柔和，从各个方向照亮主播的脸部，常被用作主光，也可用作辅助灯。

（2）辅助光。辅助光用于增加直播间的层次感，突出主播的某些特征或产品的细节，可以从主播的左右侧面、后侧方等不同角度照射。它能增加整体立体感，使主播的面部轮廓更加鲜明，同时有助于照亮产品和背景。常见的辅助光包括柔光箱、LED 灯带、反光板等。柔光箱能够提供柔和均匀的光线，是最常用的辅助光。

（3）轮廓光。轮廓光用于勾勒主播和产品的轮廓，使其从背景中分离出来，增加空间感，通常设置在主播身后的位置，形成逆光效果。它能使主播的轮廓分明，突出主体，同时营造出一种神秘或唯美的氛围。轮廓灯因其强烈的聚光效果，常被用于勾勒主播和产品的轮廓。

（4）顶光。顶光是从头顶位置照射下来的光线，主要用于照亮整个直播间。位于主播的头顶上方，可以给直播间提供整体亮度，产生浓重的投影感，有助于塑造主播的轮廓，起到瘦脸的效果。顶光通常需要较强的光线和较大的照射面积，因此 LED 平板灯是一种常见的选择。

（5）背景光。背景光主要用于照亮直播间的背景，使其与主播和产品形成对比，突出主体。背景光通常设置在背景墙后面或两侧，以达到均匀室内光线，避免背景过暗或过亮，同时使背景看起来更加整洁、美观的效果。LED灯带因其光线柔和、均匀，常被用于照亮背景墙。

表3-8为常见的几种灯光布置方案。

⊙ 表3-8　几种常见的灯光布置方案

灯光数量	类型	主灯与辅助灯	位置摆放	适用范围	优点
1	环形灯	主灯	距人1米左右的正前方且比人高15厘米左右	适用于手机直播，仅有主播入境	操作简单，有瘦脸、美颜的效果
2	不限	同为主灯，或一盏为主灯一盏为辅助灯	靠近摄像头的两侧且距离相同，略高于摄像头，光线投向主播	主播坐着直播带货	凸显主播脸部与直播内容
3	环形灯1盏、柔光箱2盏或柔光球1盏、柔光箱2盏	环形灯为主灯，柔光箱为辅助灯 柔光球为主灯，柔光箱为辅助灯	环形灯放在主播正前方、柔光箱放在主播两侧且距离相等 柔光球在镜头上方且高于镜头和主播，柔光箱放在主播两侧	主流的灯光布置方案，适合服装、美妆、珠宝、人物专访且空间较小的直播场景	还原立体感和空间感
4	环形灯1盏、柔光箱2盏、柔光球1盏	环形灯为主灯，其他为辅助灯	环形灯正对主播，柔光箱放在主播两侧且距离相等，柔光球位于主播头顶前上方	有辅播或嘉宾参与的带货直播	打亮主播正面和直播间局部空间
5	柔光球1盏、柔光箱1盏、环形灯3盏	柔光球为主灯，其他为辅助灯	柔光球正对主播，柔光箱面对主播侧边的装饰物、背景墙等，2盏环形灯位于主播两侧且光线投向主播，另1盏环形灯位置低于主播脸部，光线可投向主播或商品	知名主播直播间、物件较多的直播间	打亮主播正面和直播空间，提升画面的质感

4. 其他设备

（1）计算机。首先，音视频采集和处理，如美颜、滤镜等，需通过计算机连接和处理设备实现。其次，运行直播软件、控制直播流程、管理直播内容也离不开计算机。此外，计算机还能助力实现互动功能，如展示弹幕、处理礼物打赏等，提升观众参与感。最后，计算机还负责数据分析与统计，帮助主播了解直播效果，优化策略等。

（2）网络设备。稳定的网络连接是直播的基础，因此路由器、调制解调器或以太网连接等设备也是必不可少的。

（3）高清导播台。对于多路视频信号，导播台可以实现多画面切换、视频剪辑等功能，提升直播的专业度。

（4）提词器。直播提词器是一款在直播过程中帮助主播记忆台词、避免忘词、提高直播质量的辅助工具。它可以将预先准备好的文稿内容显示在屏幕上，让主播在直播时能够清楚地看到台词，从而更加自信、流畅地进行直播。

▶ 知识拓展

直播场景搭建的实战指南

一、美妆直播场景搭建

（一）目标

展示产品效果，营造专业、舒适的化妆环境。

（二）步骤

（1）选择场地。选择一个明亮、整洁、有足够空间的室内环境，如专业的化妆间或摄影棚。

（2）色彩搭配。使用柔和的暖色调作为主色调，如粉色、米色等，营造温馨、舒适的氛围。

（3）照明。使用多盏环形补光灯和侧光灯，确保主播脸部和产品的光线充足且均匀。

（4）背景。选择简洁、干净的背景布，可以是纯色或带有品牌标志的图案。

（5）道具。摆放各种化妆品、化妆工具、镜子等道具，展示主播的专业性和产品种类。

（6）装饰。在场地中摆放一些绿植、鲜花等装饰物，增加直播间的自然气息和生机。

二、家居用品直播场景搭建

（一）目标

展示家居用品的使用效果，营造温馨、舒适的家居环境。

（二）步骤

（1）选择场地。选择一个具有代表性和代表性的家居空间，如客厅、卧室或厨房。

（2）家具摆放。按照实际家居布局摆放家具，展示产品的摆放位置和效果。

（3）照明。使用自然光和室内照明相结合的方式，确保产品展示区域的光线充足。

（4）装饰。根据家居风格，添加一些装饰品，如挂画、地毯、绿植等，提升整体美感。

（5）道具。摆放需要展示的家居用品，如沙发、床品、餐具等，并准备一些道具来模拟实际使用场景。

（6）背景。如果可能的话，选择具有品牌标志或特色元素的背景墙，增强品牌识别度。

三、户外直播场景搭建

（一）目标

展示户外产品，如运动装备、户外工具等，营造自然、生动的户外环境。

（二）步骤

（1）选择场地。选择一个风景优美、具有代表性的户外场地，如公园、海滩、山区等。

（2）背景。利用自然景色作为背景，展示产品的应用场景和环境。

（3）照明。如果光线不足，可以使用便携式补光灯或反光板来增加产品展示区域的光线。

（4）道具。摆放需要展示的户外产品，如帐篷、登山鞋、背包等，并准备一些道具来模拟实际使用场景。

（5）安全。确保直播场地安全，避免安全隐患，如陡峭的山坡、深水区等。

（6）环境准备。清理场地上的杂物和垃圾，确保直播环境的整洁和美观。

 **技能训练**

农产品直播策划（以水果为例）

近年来，随着网络技术的飞速发展和智能设备的普及，网络直播、短视频等新媒体形式逐渐成为了人们获取信息、娱乐休闲的重要渠道。对推广农产品而言，网络直播和短视频具有直观、生动、互动性强的特点，能够直观地展示农产品的生长环境、生产过程和产品特色，增强消费者对农产品的信任感。通过这些新媒体形式，农产品可以迅速触达更广泛的消费群体，打破地域限制，实现产销对接。在政策的引导和市场的推动下，农产品网络营销将迎来更加广阔的发展前景，直播带货也开辟了农产品销路的新路径。

一、策划并撰写直播脚本

请同学们以小组为单位，为原产地为海南琼海 × × 水果种植基地的直播待销的各类水果，策划一场时长为 90 分钟的直播，并撰写直播脚本。

策划一场农产品直播活动需要综合考虑主题、场景、直播内容、互动形式以及用户体验等多个方面。比如做一场"丰收狂欢季·618 嗨吃果优鲜"的主题直播，可以庆祝丰收为主题，结合 618 购物节，突出农产品的新鲜、优质和美味，重点打造一场集娱乐、购物、互动于一体的直播盛宴。

可以选择一处果园或农田作为直播背景，展现丰收的景象和农产品的自然生长环境。以此为大背景布置一个具有乡村风格的直播间，营造亲近自然、回归田园的氛围。

直播内容方面，可以详细介绍各种农产品的品种、特点、种植过程及营养价值，突出其新鲜度和优质性，穿插农业知识科普环节，增加观众对农产品的了解和认知，增强观众对农产品的好感度。还可邀请农业专家、农民代表或其它嘉宾进行访谈，分享种植经验、农产品背后的故事，或相关产品分享等。主播和辅播现场展示农产品的加工、烹饪过程，如制作果汁、果酱、烘焙等，吸引观众的注意力。还可以设置知识竞赛、观众问答环节，邀请观众参与答题，增加互动性和趣味性，多层次丰富直播内容。

策划一场农产品直播活动需要注重主题定位、场景打造、直播内容、直播形式、互动活动以及用户体验等多个方面，表 3-9 给出的是一份直播流程脚本的样例。通过综合运用这些策划要素，才能打造一场具有吸引力、趣味性和互动性的农产品直播盛宴，让观众在娱乐中享受购物的乐趣。

⊙ 表 3-9 "果优鲜"农产品带货直播——流程脚本

直播主题	丰收狂欢季·618 嗨吃果优鲜					
直播目标	推广新产品、销售老产品、提升品牌知名度，本场直播目标销售额 10 万元					
基本信息						
时间	2024 年 6 月 18 日 19：30—21：00					
地点	"果优鲜"直播间					
人员安排	主播果果、辅播优优、小助理鲜鲜、场控香香、特邀嘉宾农户代表					
直播福利	抽奖免单、直播间秒杀价、满减活动、专享优惠券					
商品规划						
1. 引流款：海南菠萝蜜、海南香蕉 2. 利润款：海南莲雾（主推） 3. 形象款：海南金煌芒、山竹 4. 福利款：海南番石榴						
直播流程						
序号	时长	流程	具体环节	直播脚本		备注
1	2 分钟	直播开场	主播自我介绍	哈喽！欢迎大家来到"果优鲜"农产品直播间，我是主播果果		开场预热
2	4 分钟		直播内容介绍	今天要给大家介绍本店上新的三款水果，超好吃的哦！今天还有超大优惠哦		引入主题

序号	时长	流程	具体环节	直播脚本	备注
3			农产品导入（新品）	直播间有多少宝宝吃过菠萝蜜？吃过的宝宝在评论区打"1"。哇哦！这么多宝宝都吃过菠萝蜜。今天给喜欢吃菠萝蜜的宝宝带来福利了，我们直播间今天会为大家上一款超好吃的菠萝蜜——海南菠萝蜜，来自海南三亚的原汁原味的菠萝蜜哦！直播间价格：6~7斤的59.9元/个；8~9斤的69.9元/个；9~10斤的79.9元/个；11~12斤的88.8元/个；12斤以上的96.8元/个	调动用户对产品的兴趣
4	30分钟	产品介绍	农产品按类介绍（新品）	（1）海南番石榴。首先为大家介绍的是海南番石榴哦！番石榴绿脆爽、富含维生素C和纤维，适合绝大多数人哦！它低脂低卡，不仅可作为水果食用，还可以制作果酱、果冻、酸辣酱等各种酱料；还可药用，具有收敛止泻、止血功效。好吃又有营养，喜欢吃番石榴的宝宝们一定要下单哦！直播间福利价59.99元/5斤 （2）海南莲雾。有没有喜欢吃莲雾的宝宝们？喜欢的话在评论区打出"喜欢"。哇哦！今天直播间这么多人都喜欢吃，那直播间的宝宝们今天有口福了哦！莲雾带有特殊的香味，是天然的解热剂。由于含有许多水分，在食疗上有解热、利尿、宁心安神的作用，小孩有消化不良时，用莲雾拌食盐食用，有帮助消化的功效，大人吃也很好，有生津止渴的作用	吸引用户关注
5	30分钟	产品介绍	产品重点介绍（重点介绍海南莲雾产地、质量、口感）	接下来为大家介绍的是海南莲雾，果色新鲜、果肉绵密、多汁味美。直播间喜欢吃莲雾的宝宝们一定要下单哦！我们是从海南直接发货的。直播间价格：32.99元/1斤，55.99元/3斤，95.99元/5斤	重点介绍

序号	时长	流程	具体环节	直播脚本	备注
6	5分钟	互动促销	抽奖（一等奖1人，免单200元；2等奖2人，免单50元；三等奖5人，免单10元）	今天直播间的宝宝们有大福利啦！我们今天准备了超大福利——抽奖，有没有想要抽奖的宝宝们，有的话在评论区打"想抽奖"，哇哦！评论区根本停不下来，看来宝宝们都迫不及待啦！那我们先抽三等奖，一共5个人哦！抽到三等奖的宝宝，每人今天免单10元，把"想抽奖"打在评论区，不要停，我们倒数三个数，截屏到哪位宝宝，就是哪位宝宝的，"3，2，1"恭喜*****、*****、*****、*****、*****五位宝宝，后台会马上联系你们哦！接下来是二等奖，一共两个人哦！二等奖免单50元！让我们在评论区不要停，倒数三个数"3，2，1"恭喜*****和*****两位宝宝，我们的后台工作人员会立马联系你们。最后，到了我们的最大奖，一等奖了，宝宝们，激动不激动！我也好激动，因为抽到一等奖的宝宝可是要免单200元哦！200元的免费优惠券哦！让我们倒数三个数，"3，2，1"哇，恭喜*****，是我们直播间的天选之子哦，后台工作人员会马上联系您给您发放福利哦	增强活动互动
7	3分钟	产品介绍	秒杀（限时2分钟，秒杀各产品，在优惠价基础上每份再减2元）	抽奖结束了，是不是有些宝宝觉得不够过瘾，没事儿，接下来，我们又带来一波福利哦——秒杀！今天直播间所有商品都参与秒杀，限时两分钟！没错，就只有两分钟哦，这两分钟内购买的宝宝可享受优惠价基础上每份再减2元的优惠哦！秒杀数量有限，先抢先得，抢完为止！倒数三个数，"3，2，1"开始秒杀	秒杀促销

序号	时长	流程	具体环节	直播脚本	备注
8	30 分钟	产品介绍	引入第二类产品，依次介绍（老产品）	（1）海南香蕉。海南香蕉为热带名果，海南岛亦为原产地之一。香蕉果肉芳香，蕉皮有青绿色的和鹅黄色的，剥掉蕉皮，肉质呈鹅黄色，香甜可口，芬芳扑鼻。它还具有促进消化、防止便秘的作用哦！喜欢吃香蕉的宝宝们一定要下单哦！直播间价格：42.99/5 斤，62.88/8 斤 （2）海南金煌芒。作为著名热带水果之一，海南金煌芒因其果肉细腻，风味独特，深受人们喜爱，所以素有"热带果王"之誉称。金煌芒果肉含有糖、蛋白质、粗纤维，富含维生素 A 和维生素 C，其中的芒果甙具有降低癌细胞增殖与侵袭能力。还具有一定的防治高血压、动脉硬化、防治便秘、清肠胃的作用哦。喜欢吃芒果的宝宝一定不能错过哦！直播间价格：果王 9~10 斤 46.8 元，大果 9~10 斤 43.8 元，中果 9~10 斤 40.8 元，小果 9~10 斤 38.8 元（整箱）。主播展示自制芒果冰，为你带来清凉一夏 （3）海南山竹。山竹，营养价值高，原产于东南亚，一般种植 10 年才开始结果，它对环境的要求非常严格。山竹味道甜美，营养价值高，含有丰富的膳食纤维和微量元素，对机体有很好的补养作用，对体弱、营养不良、病后都有很好的调养作用；还含有维生素 B1、B2、C4 和矿物质，具有降燥、清凉解热的作用。喜欢吃山竹的宝宝们一定要冲哦！3A 中果 59.9 元 /3 斤、89.9 元 /5 斤，5A 大果 69.9 元 /3 斤、99.9 元 /5 斤，6A 特大果 79.9 元 /3 斤、109.9 元 /5 斤	介绍产品

序号	时长	流程	具体环节	直播脚本	备注
9	10分钟	互动促销	满减活动（满300元减50元，满200元减30元，满100元减20元，满70元减10元）	今天直播间的宝宝们可以享受很多福利，不仅有抽奖、秒杀，我们还有满减活动哦！而且满减力度真的很大！直播间全场水果满300元减50元，满200元减30元，满100元减20元，满70元减10元，真的非常划算，平时都没有这么大力度的满减活动的，所以今天来直播间的宝宝们一定要冲哦	满减促销
			优惠券（面值2元、3元、5元、10元、20元）	我们还给直播间的宝宝们准备了很多优惠券，就在直播间的左上方，后台会不定时为大家发放不定额的优惠券，手快的宝宝一定要抢哦	优惠券促销
10	3分钟	直播总结	总结整场直播	好啦！今天的直播就要结束了，感谢各位宝宝的支持和鼓励，我们直播间也会继续为大家上新更多优质的好吃的水果，也会为大家带来更多更大的福利哦！你们的支持是我们直播的动力，希望各位宝宝能够继续支持我们	强调下单
11	3分钟	次场直播预告	预告下场直播（围绕热带水果，自定次场直播主题、内容，完成预告话术撰写）	今天的直播就到这里了，我们下一场直播会为大家准备海南更多的优质水果，例如榴莲、龙眼、红毛丹、凤梨、椰子，福利超大哦！喜欢的宝宝一定要来，我们会在周六晚上8点，这个账号"果优鲜农产品"继续为大家直播，希望各位宝宝可以来哦！我们不见不散	直播预告

二、选择并布置直播场景

与其他品类直播间的搭建相比，农产品直播间具有一些独特性。农产品直播间可以选在室内也可以选在室外。当天气不佳、需要展示产品和详细介绍、强调品牌故事和文化元素时，可以选在室内直播。当天气良好、展示采摘和收获过程、进行户外活动或促销活动时，可以选在室外直播。

室外真实场景直播通常强调真实性和自然性，以展示农产品的原始状态和生长环境。直播间可以设在农田、果园或农产品仓库等实际场景中，以呈现农产品的真实面貌和生长过程。这种自然、原始的环境有助于增强消费者对农产品的信任感，提升购买意愿。田园乡间的风景和氛围往往具有独特的魅力，这种环境能够吸引大量观众。另外，选在原产地进行直播还可以展示农民辛勤劳动的场景，增加产品的情感价值，吸引那些注重健康和环保的消费者。真实场景直播不仅能够展示产品的质量和特色，还能够塑造和推广品牌形象。通过展示原产地的风土人情和企业文化，可以让消费者对品牌产生更深厚的情感认同，从而提高品牌的知名度和美誉度。

针对本场直播，具体的直播场景布置信息如表 3-10 所示。

⊙ **表 3-10　直播场景布置信息**

直播场地及形式
（一）场地选择 选择海南琼海的一处具有代表性的水果种植基地作为直播场地，确保背景为真实的果园环境，展现丰收的景象和水果的自然生长状态
（二）直播形式 采用室外真实场景直播形式，搭建一个临时直播间，保持与果园环境的良好结合，同时确保直播的专业性和观众的观看体验
硬件设备
（一）拍摄设备
（1）高清摄像机：至少 1 台 4K 或更高分辨率的高清摄像机，用于捕捉直播主体的细节和动作
（2）手机或平板直播设备：备用直播设备，用于应对突发情况或切换不同视角
（3）稳定器/三脚架：确保拍摄画面稳定，减少抖动
（二）声音设备
（1）专业麦克风：用于捕捉主播的声音，确保音质清晰

硬件设备

（2）无线麦克风或领夹麦克风：方便主播在直播间内自由移动，同时保证声音传输质量

（3）音频接口：用于连接麦克风和直播设备，确保声音信号的传输质量

（三）灯光设备

（1）LED补光灯：提供足够的照明，确保直播画面明亮、清晰

（2）反光板：用于反射光线，柔化画面，减少阴影

（3）灯光支架：支撑灯光设备，确保光线照射到正确的位置

（四）其他设备

（1）移动电源/发电机：确保直播期间电力供应稳定

（2）网络设备：包括高速路由器、稳定传输的网线等，确保直播过程中的网络连接稳定

（3）备用手机/平板：用于应对设备故障或突发情况

场景布置

（一）直播间风格
以自然、田园风格为主，体现丰收和新鲜的主题

（二）背景布置
利用果园的自然背景，如树木、果实等作为背景，展现果园的真实景象。在背景中设置一些与丰收和水果相关的装饰元素，如彩旗、气球等，增加氛围

（三）贴片设置
在直播间内设置商品信息、优惠信息、互动信息如观看满5分钟领取优惠券、退换货政策如坏果包赔等

（四）物料准备

（1）桌椅：准备一张美观且实用的桌子和舒适的椅子，用于主播进行直播和展示商品

（2）宣传海报：设计并准备与直播主题相符的宣传海报，用于直播间背景墙或显眼位置展示

（3）横幅：定制一条具有吸引力和信息量的横幅，悬挂在直播间入口或背景墙上方

（4）样品准备：准备充足的商品样品，确保直播过程中可以随时展示和介绍。同时，准备一些赠品或抽奖奖品样品，用于吸引观众参与互动

三、选择直播平台进行模拟直播

（一）三大直播平台

淘宝直播、抖音直播和快手直播是当下最受欢迎的三大直播平台，它们在直播行业占据了举足轻重的地位。这三个平台各具特色，共同为用户提供丰富多样的直播内容和便捷的服务体验。

1. 淘宝直播

（1）平台定位。淘宝直播是阿里巴巴旗下淘宝平台的一部分，主要服务于电商平台，为商家和消费者提供一个直播互动的销售渠道。

（2）核心优势。淘宝直播具有强大的电商基因，观众在直播间可以直接购买商品，购物流程简单便捷。用户群体主要是有购物需求的消费者，尤其是女性用户。

（3）内容特点。淘宝直播以商品展示、介绍和推荐为主，偏向专业、详细的产品介绍和推荐，适合品牌或商家的产品推广和销售。

（4）明星与网红参与。众多明星和网红加入淘宝直播，通过直播助力品牌或产品推广，增加产品的曝光度和信任度。

2. 抖音直播

（1）平台定位。抖音直播是字节跳动旗下抖音平台的一部分，主要以短视频和直播形式呈现，强调娱乐性和时尚性。

（2）核心优势。抖音直播具有年轻、潮流的用户群体，主要集中在城市。直播间氛围轻松、娱乐，创意和时尚元素丰富，吸引了大量年轻用户。

（3）内容特点。抖音直播以娱乐、时尚、生活分享为主，同时也涵盖才艺表演等内容。用户参与度高，互动方式多样，如点赞、评论、转发等。

（4）明星与网红参与。抖音直播中明星助阵较少，主要以网红和普通人为主，通过直播增加娱乐性和互动性。

3. 快手直播

（1）平台定位。快手直播是快手平台的核心功能之一，强调真实、接地气的内容，主要面向年轻人和乡村用户。

（2）核心优势。真实、社交性强，直播间氛围轻松、自然，用户之间互动频繁。用户群体广泛，包括年轻人、乡村及下沉市场用户。

（3）内容特点。快手直播以真实生活分享、社交互动、才艺表演为主，同时也涵盖各类商品推广和销售。直播间互动方式多样，如评论、点赞、送礼物等。

（4）明星与网红参与。明星参与快手直播较少，其主要以普通人为主，通过直播分享真实生活和才艺表演。

三大直播平台的对比如表3-11所示。

⊙ 表3-11　三大直播平台对比

	项目	淘宝直播	抖音直播	快手直播
用户群体	核心用户	购物需求强烈的消费者，尤其是女性用户，年龄段较广，但偏向成熟	年轻、时尚、潮流的用户群体，主要集中在城市，年龄段主要集中在18~35岁	年轻人、乡村及下沉市场用户，年龄段相对较广，更注重实用性和性价比
	用户活跃度	购物目的性强，用户活跃度较高，且购物行为明确	娱乐性强，用户黏性和活跃度很高，互动频繁	社交性强，用户互动频繁，活跃度较高，注重真实分享
直播内容	主要内容	商品展示、详细介绍、促销推广，偏向专业、详细的产品介绍和推荐	娱乐、时尚、生活分享、才艺表演，内容多样，创意性强，偏向潮流和品质	真实生活分享、社交互动、才艺表演，内容接地气，注重实用性和日常需求
	内容质量	商品介绍详细，质量相对较高，注重专业性和权威性	内容创意性强，但质量参差不齐	内容真实、有共鸣，但质量也受主播影响
互动性	互动方式	评论、点赞、送礼物、购买商品，互动方式多样，购物氛围浓厚	点赞、评论、转发、分享多，互动性强，注重娱乐性和社交性	评论、点赞、送礼物、关注，互动频繁，注重真实分享和社交互动
	互动氛围	购物氛围浓厚，用户与主播互动以购买为主	娱乐氛围浓厚，用户参与度高，互动轻松愉快	社交氛围浓厚，用户之间互动频繁，注重真实性

项目		淘宝直播	抖音直播	快手直播
购物便利性	购买流程	直播间直接购买，流程简单便捷，支持多种支付方式，购物体验流畅	需跳转到电商平台购买，但流程逐渐简化，支持多种支付方式，购物体验逐渐优化	部分直播间支持购买，流程逐渐优化，商品展示和推荐有特色，购物体验注重便捷性和实用性
	商品种类	商品种类丰富，涵盖各个品类，满足不同购物需求	商品种类多样，以时尚、美妆、家居等为主，注重品质和潮流	商品种类广泛，以日常生活用品、农产品等为主，注重实用性和性价比
明星参与	明星数量	众多明星加入，助力品牌或产品推广，明星带货能力强，增加购物信任感	明星助阵较少，以网红和普通人为主，明星影响力较小，更注重娱乐性和社交性	明星参与较少，以普通人为主，明星影响力相对较小，更注重真实分享和用户体验
	明星影响力	明星影响力大，有助于提升直播间的关注度和购买转化率，增加品牌曝光度	明星助阵增加娱乐性和吸引力，但影响力较小，更注重直播内容的创意性和趣味性	明星影响力相对较小，主要以普通人为主，更注重直播内容的真实性和用户体验
用户品类偏好	主要品类	偏好居家日用、女装、食品饮料、美妆等，购物需求明确，注重品质和性价比	居家日用、女装、美妆、数码等，以时尚和潮流为主，注重品质和品位	各类商品均有涉及，以日常生活用品、农产品等为主，注重实用性和性价比
	价格敏感度	价格敏感度较高，注重性价比，对促销和优惠活动敏感	价格敏感度适中，追求品质与时尚的平衡，对中高端品牌有一定偏好	价格敏感度相对较高，更注重实用性和性价比，对价格实惠的商品有较高兴趣

（二）直播平台的基础实操

淘宝直播以其强大的电商背景和便捷的购物流程，成为众多消费者在线购物的首选。它以商品展示、详细介绍和促销推广为主要内容，吸引了大量对购物有浓厚兴趣的用户，尤其是女性用户。在淘宝直播间，用户可以轻松了解产品详情，实时互动并直接购买，购物流畅便捷，客户体验好。下面将以淘宝直播为例介绍直播平台的基础操作。

1. 开通淘宝直播权限

符合条件的淘宝平台会员（含个人、企业）可入驻淘宝直播平台成为主播以开展直播内容创作、信息发布和推广活动。商家可以开通淘宝直播平台功能以推广商品。具体操作流程如下。

（1）在手机应用市场搜索"淘宝主播"App下载，如图 3-22 所示。

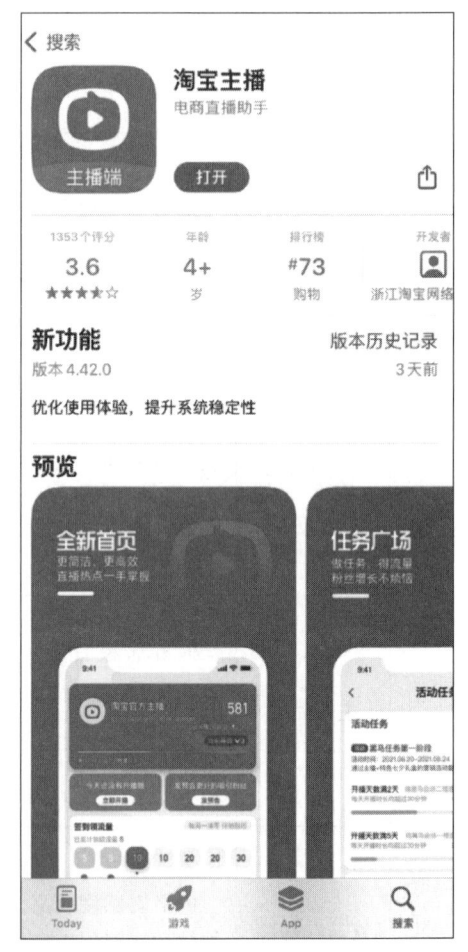

（2）淘宝主播 App 下载后，商家使用店铺主账号登陆，达人使用后续开播的账号登陆淘宝主播 App，如图 3-23 所示，登陆后单击"确认入驻"，进行实名认证，并通过人脸识别进行实人认证，勾选协议同意即可以入驻淘宝直播，如图 3-24 所示。

2. 创建有效直播预告

（1）淘宝直播网页版中控台。

① 登录淘宝直播网页版，单击"直播"—"直播管理"—"创建直播"，如图 3-25 所示。

② 进入创建页面，填写直播信息，按指示内容创建直播，单击创建直播按钮，如图 3-26 所示。

● **图 3-22　下载淘宝主播 App**

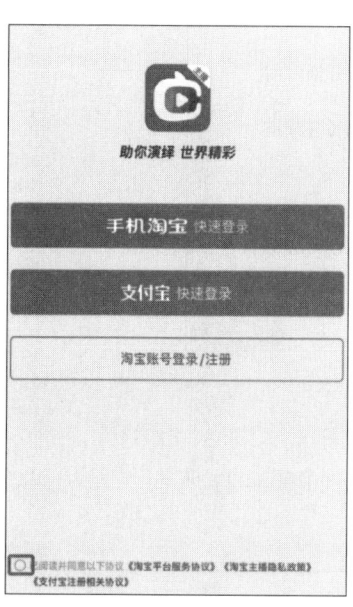

⊙ 图 3-23 登录淘宝主播 App

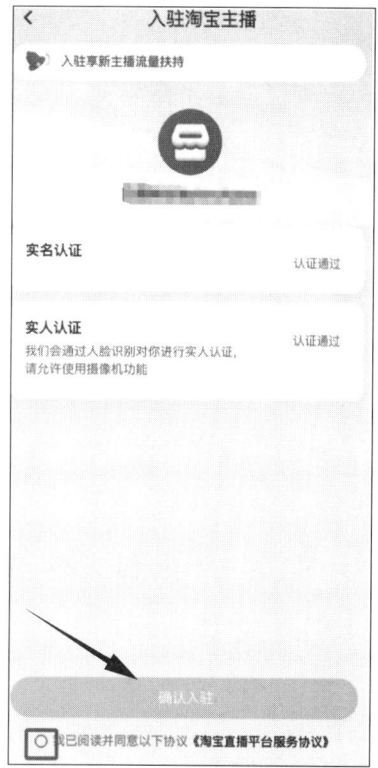

⊙ 图 3-24 入驻淘宝主播 App

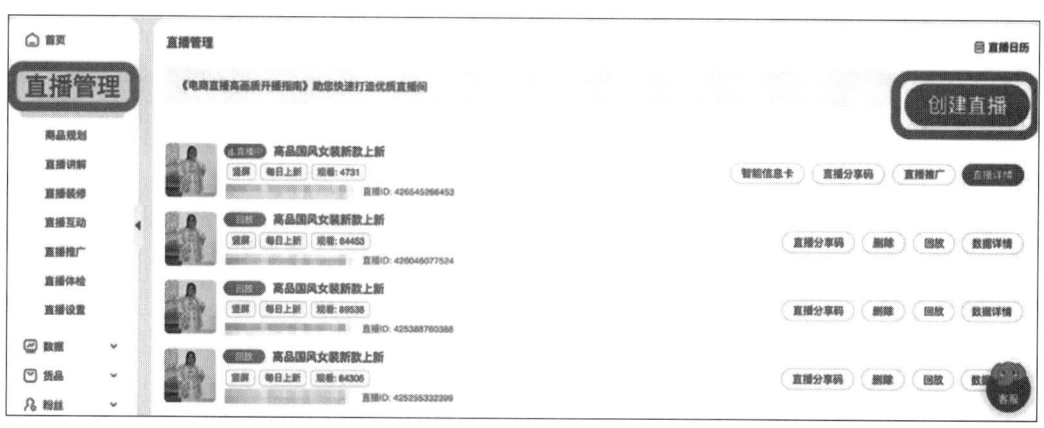

⊙ 图 3-25 淘宝直播网页版中控台

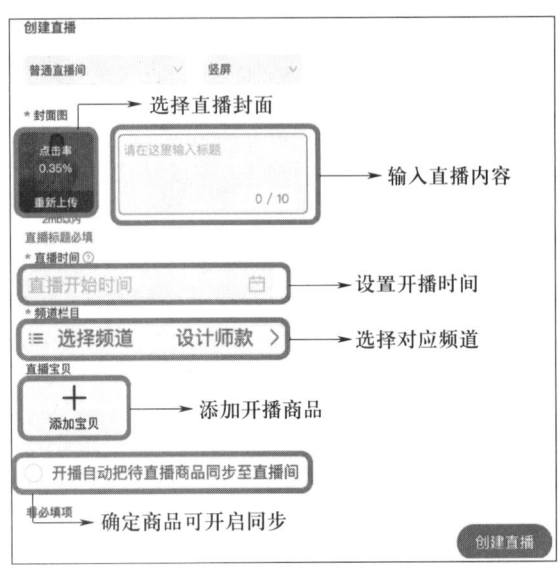

● 图 3-26　直播预告信息填写

③ 发布成功后，可以复制链接进行直播分享，如图 3-27 所示。

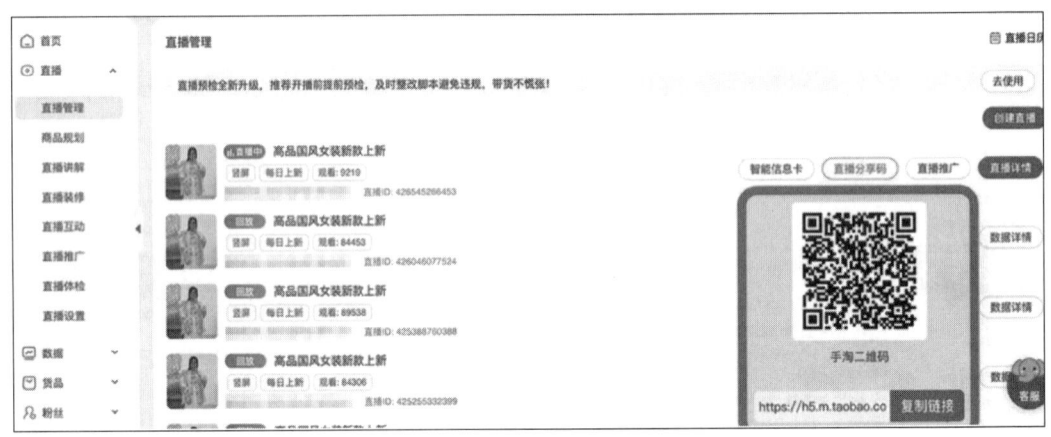

● 图 3-27　直播二维码分享

（2）淘宝主播 App。

① 登录淘宝主播 App，找到预热下一场直播，单击"发预告"或者单击中间的开播按钮，如图 3-28 所示。

② 选择发布预告并填写信息，单击"发布预告"，如图 3-29 所示。

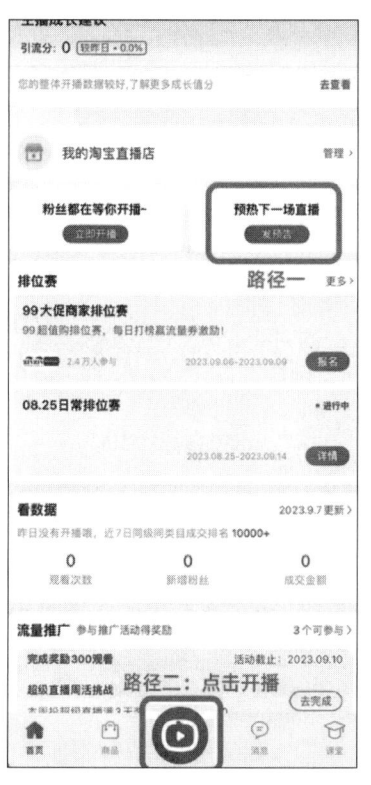

◉ 图 3-28　淘宝主播 App 直播预告路径　　　　◉ 图 3-29　淘宝主播 App 直播预告发布

3. 设置一键开播

（1）淘宝直播 PC 客户端。

① 登录淘宝直播主播工作台，如图 3-30 所示。

◉ 图 3-30　登陆淘宝直播主播工作台

② 单击"直播"—"直播管理"，找到需要直播的场次，单击"正式开播"，如图 3-31 所示。

③ 单击"选择本场",然后单击"选择场次",如图 3-32 所示。

④ 可以查看直播口袋,检查待直播产品,可进行待售商品的添加上传等工作。如图 3-33 所示。

⑤ 单击"继续直播",倒计时开始直播,如图 3-34 所示。

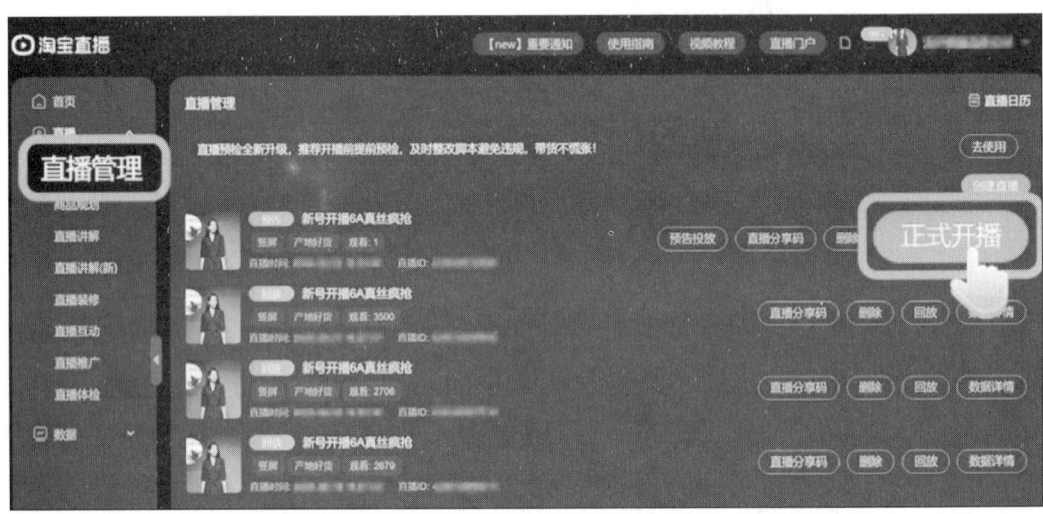

⊙ 图 3-31 淘宝直播管理

⊙ 图 3-32 淘宝直播场次选择

◉ 图3-33　淘宝直播商品检查

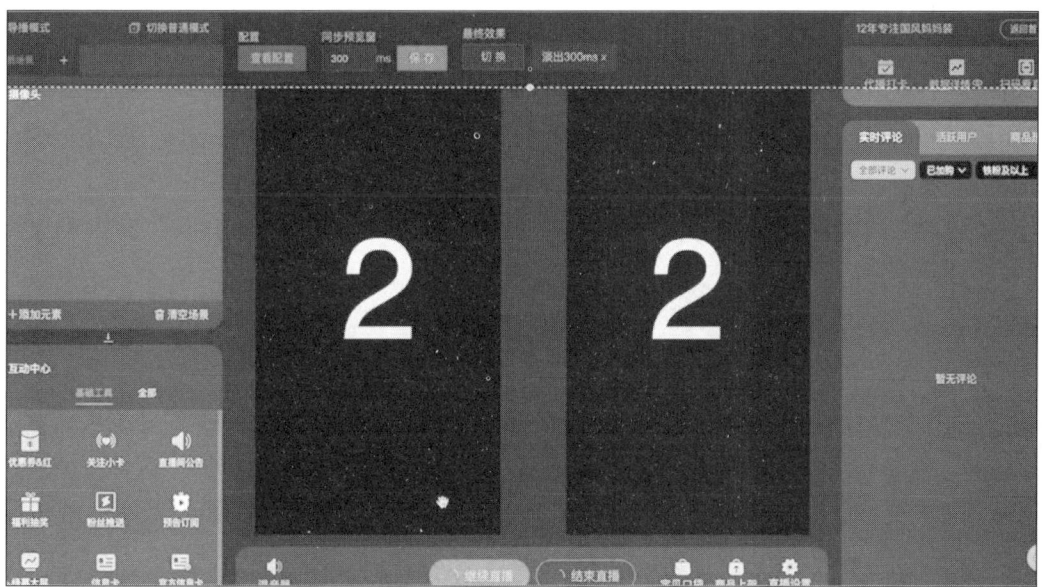

◉ 图3-34　淘宝直播倒计时开播

⑥ 此外，中控台还可以进行商品的上下架、编辑商品利益点，在互动中心可以设置福利抽奖、优惠券红包等互动操作，如图3-35所示，商品的下架如图3-36所示。

◉ 图 3-35　淘宝直播商品编辑

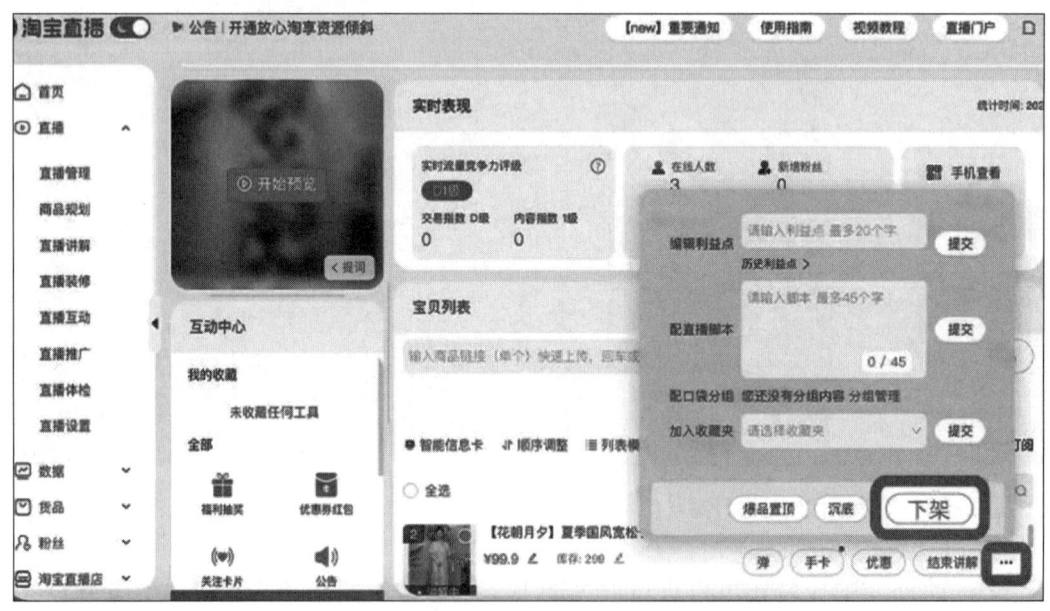

◉ 图 3-36　淘宝直播商品下架操作设置

（2）淘宝主播 App。

① 登录淘宝主播 App，单击"去直播"，如图 3-37 所示。

② 打开淘宝直播页面，单击"商品"按钮，可以检查直播商品，单击"开始直播"即进入倒计时开播，如图 3-38 所示。

③ 开播后，可在开播界面进行商品上架、修改商品价格与库存、边际利益点操作，以商品上架为例，其操作如图 3-39 所示。

◉ 图 3-37　淘宝主播 App

◉ 图 3-38　淘宝直播页面

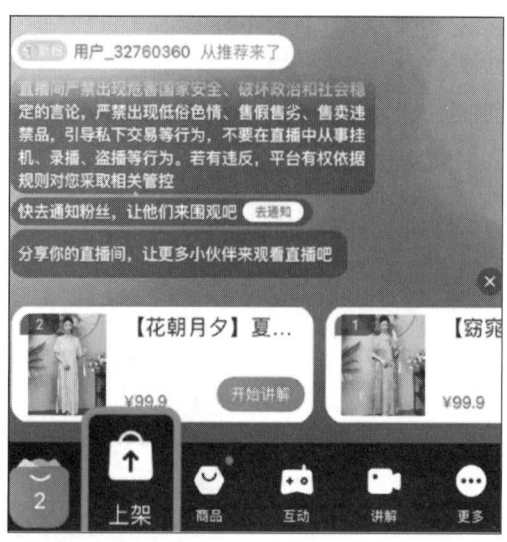

⊙ 图 3-39　开播后商品上架设置

素养园地

项目三
电商法规
与案例分析

新时代大学生主播传递正能量

　　某大学生主播以"传承中华文化，弘扬社会主义核心价值观"为主题，开展了一系列直播活动。在直播中，她不仅介绍了中国的传统节日、传统服饰、传统音乐等，还分享了自己参与志愿服务、支教等活动的经历。她以真挚的情感和生动的语言，将中华优秀传统文化的魅力和社会主义核心价值观的内涵传递给观众，赢得了广大网友的点赞和关注。

　　在数字化时代，直播已成为一种流行的信息传播方式。作为新时代的大学生，我们有责任在直播中传递正能量，展现中华优秀传统文化的魅力，弘扬社会主义核心价值观，为构建和谐社会贡献青春力量。大学生主播在直播中可以通过讲述历史故事、分享传统习俗、展示传统艺术等方式，宣扬中华优秀传统文化。这不仅能够增强观众对中国传统文化的认同感和自豪感，还能够激发他们对中国文化的热爱和传承意识。同时，大学生主播在直播中应积极弘扬社会主义核心价值观。通过讲述身边的先进事迹、分享个人的成长经历、传递积极向上的生活态度等方式，大学生主播可以引导观众树立正确的价值观念，培养良好的道德品质。在直播中，要倡导诚信、友善、敬业、爱国等优秀品质，让社会主义核心价值观在直播平台上生根发芽。

项目习题

一、单项选择题

1. 直播内容的策划原则不包括（　　）。

　　A. 内容有趣　　　　　　　　　　B. 互动性强

　　C. 消极负面　　　　　　　　　　D. 符合受众口味

2. 直播脚本中（　　）用于吸引观众并介绍直播主题。

　　A. 开场白　　　　　　　　　　　B. 内容展示

　　C. 互动环节　　　　　　　　　　D. 结束语

3. 直播脚本撰写时，（　　）不是需要注意的要点。

　　A. 语言生动　　　　　　　　　　B. 结构混乱

　　C. 节奏把控　　　　　　　　　　D. 内容连贯

4. 直播场景布置时，（　　）不是考虑因素。

　　A. 灯光效果　　　　　　　　　　B. 背景图案

　　C. 噪声水平　　　　　　　　　　D. 观众年龄

5. 直播设备中，（　　）用于捕捉主播的声音。

　　A. 摄像头　　　　　　　　　　　B. 麦克风

　　C. 调音台　　　　　　　　　　　D. 显示器

二、多项选择题

1. 直播内容的类型可以包括（　　　　）。

　　A. 产品推广　　　　　　　　　　B. 知识分享

　　C. 娱乐互动　　　　　　　　　　D. 新闻报道

2. 直播脚本撰写时，需要注意（　　　　）。

　　A. 语言风格　　　　　　　　　　B. 直播时长

C. 观众互动 D. 背景音乐

3. 直播脚本撰写时，需要包含（ ）。

A. 开场白 B. 内容展示

C. 互动环节 D. 广告植入

4. 在直播中，（ ）有助于增强与观众的互动。

A. 频繁提问 B. 分享个人生活

C. 展示才艺 D. 长时间独白

5. 选择直播设备时，应考虑（ ）。

A. 设备性能 B. 设备价格

C. 设备兼容性 D. 设备外观

三、判断题

1. 直播内容的策划需要考虑到受众的喜好和口味，以确保直播的吸引力。

（ ）

2. 直播脚本的撰写不需要考虑直播目标和粉丝画像，只要内容有趣即可。

（ ）

3. 直播脚本的撰写技巧，包括结构安排、语言风格和节奏把控等要点。（ ）

4. 在布置直播场景时，应优先选择颜色鲜艳、图案复杂的背景，以吸引观众的注意力。 （ ）

5. 对于水果生鲜等产品的直播，选择室内搭建专业直播间更为合适。 （ ）

四、案例分析题

【案例背景】

某家专注于家居用品的电商企业计划开展一场直播活动，旨在推广其新款智能家居产品，并提升品牌知名度。该企业制定了一套详细的直播策划方案及流程，并邀请知名家居博主作为主播进行直播。

一、直播策划方案要点

（1）目标受众定位：年轻家庭，注重生活品质，对智能家居产品有兴趣的消费者。

（2）直播内容规划：包括产品介绍、功能演示、使用场景模拟等环节。

（3）主播选择：合作知名家居博主，以其专业性和影响力吸引观众。

（4）互动环节设计：设置问答、抽奖等互动环节，提高观众参与度。

（5）推广策略：利用社交媒体、电子邮件等多种渠道进行直播预告和推广。

二、直播流程安排

（1）开场：主播介绍直播主题、产品，与观众互动预热。

（2）产品介绍：详细展示产品特点、优势及使用方法。

（3）功能演示：通过实际操作展示产品的各项功能。

（4）互动环节：进行问答、抽奖等互动活动。

（5）结尾：主播总结直播内容，呼吁观众关注、购买，并预告下次直播。

请结合学习内容，对案例进行深入分析，试回答以下问题：

1. 请分析该企业的直播策划方案在目标受众定位、直播内容规划、主播选择等方面的合理性和有效性，并给出理由。

2. 该直播流程中，哪些环节的设置有助于提高观众的参与度和购买意愿？请说明理由。

3. 假设你是该企业直播活动的策划人员，你会如何进一步优化该直播策划方案和流程？请提出具体的建议。

4. 在直播过程中，如果出现观众提问过多、互动环节时间过长等突发情况，你会如何应对？请制定应对策略。

 **项目实训**

（一）实训目标

（1）掌握直播策划的核心流程，包括内容规划、脚本编写、场景布置与设备选择等。

（2）提升学生的创新思维与实际操作能力，确保他们能够独立完成直播策划并执行。

（3）培养学生团队协作能力，加强沟通与协作技巧。

（二）实训任务

（1）制定一份详细的直播策划方案，包括内容规划、目标受众、直播平台选择等。

（2）编写直播脚本，确保直播内容有趣、吸引观众。

（3）负责直播场景的布置和设备选择，确保直播环境专业、舒适。

（三）实训背景

假设实训团队是一家直播营销公司的实习生团队，客户是一家新兴的潮流服装品牌"StyleTrend"。"StyleTrend"希望通过直播形式来推广其新款夏季系列服装，并吸引年轻消费者群体的关注。作为实训团队，我们将负责为"StyleTrend"制定并执行一次直播策划方案。

"StyleTrend"的品牌定位是年轻、时尚、潮流，目标受众主要是18~30岁的年轻人。他们对时尚有着浓厚的兴趣，追求个性和独特的穿着风格。因此，我们的直播策划需要围绕这一受众群体的特点和需求展开，确保直播内容既符合品牌形象，又能吸引目标受众的注意力。

在实训背景中，我们将面临的挑战是如何将"StyleTrend"的服装特点与直播形式相结合，打造一场既有趣又有吸引力的直播活动。我们需要通过创新的策划和执行，让"StyleTrend"的服装在直播中脱颖而出，吸引年轻消费者的关注和购买欲望。

（四）实训内容

1. 直播内容策划

（1）分析目标受众的兴趣和需求，确定直播主题和内容。

（2）设计互动环节，提高观众参与度和黏性。

（3）制作直播时间表，确保直播内容紧凑、有序。

2. 直播脚本编写

（1）根据直播主题和内容编写详细的直播脚本。

（2）脚本应包括开场白、产品介绍、互动环节、结束语等。

（3）确保脚本内容有趣、吸引人，能够吸引观众关注。

3. 直播场景布置与设备选择

（1）根据直播主题和内容选择合适的直播场景。

（2）设计场景布置方案，确保直播环境整洁、美观。

（3）选择合适的直播设备，如摄像头、麦克风、照明等，确保直播画面清晰、音质良好。

（五）成果展示

1. 直播策划方案文档

展示团队对直播内容、目标受众、平台选择等方面的策划思路。

2. 直播脚本

展示团队编写的直播脚本，体现其对直播内容的创意和安排。

3. 直播场景布置与设备选择报告

团队须提交一份关于直播场景布置和设备选择的报告，展示其对直播环境的专业把控。

（六）实训指导

1. 教师指导

实训过程中，教师将为学生提供全程指导和支持，解答学生在实训过程中遇到的问题。

2. 团队协作指导

教师将强调团队协作的重要性，提供团队协作的技巧和建议，帮助学生更好地完成实训任务。

3. 反馈与评估

教师将对学生的实训成果进行评估和反馈，提供改进建议和指导，帮助学生提升直播策划和执行能力。同时，学生进行相互评估和讨论，以便更好地分享经验和提高水平。

项目四
直播电商实施

【知识目标】

▶ 了解直播电商的营销策略类型与适用场景。

▶ 掌握直播电商营销效果的评估方法。

▶ 熟悉直播电商法律法规与伦理规范。

【能力目标】

▶ 能够根据产品特点与市场定位，制定针对性的直播电商营销策略。

▶ 能够选择合适的营销渠道与合作伙伴，进行有效的推广合作。

▶ 能够进行直播电商营销活动的策划、组织与实施，确保目标的达成。

▶ 能够运用数据分析工具，对直播电商营销效果进行评估与优化。

▶ 能够遵守法律法规与伦理规范，确保营销活动的合规性。

【素养目标】

▶ 培养创新思维，不断探索新的直播电商营销策略。

▶ 强化数据驱动意识，基于数据优化营销活动。

▶ 树立良好的道德观念，坚持诚信为本的营销原则。

▶ 提升团队合作能力，协同团队成员共同推进营销活动。

红呗电商助力美的实现 GMV 超五倍增长

随着大数据、人工智能、5G、VR、AR、物联网、区块链等技术的迅猛发展，以及人们对美好生活日益增长的需要，传统家电行业面临洗牌，品牌竞争进一步加剧。企业要想在激烈竞争中获得长效增长，必须去寻找新增长点。

2020 年，虽然众多企业的营销增长计划被打乱了，但是直播带货行业被异常催熟，迅速崛起。在直播带货日益兴盛的背景下，具有市场前瞻性和敏锐洞察力的美的鉴于直播电商综合运营能力，最终寻找到了直播电商行业新秀——红呗电商。红呗电商凭借"专业主播 + 运营团队 + 精准策略 + 原创内容 + 直播带货"五核驱动体系，助力美的品牌全新升级，实现 GMV（Gross Merchandise Volume，商品交易总额）超五倍增长，解密了家电行业直播营销新打法。

（来源：家电行业直播营销经典案例：红呗电商助力美的实现 GMV 超五倍增长！）

 知识准备

一、直播选品

（一）直播选品的内容

在进行直播销售时，选择合适的产品是非常重要的，选品的优劣影响着直播的销售效果和观众的购买欲望。以下是直播选品的一些要点。

1. 产品热度和需求

选择具有一定市场热度和需求的产品，可以通过市场调研、数据分析等方式了解目标受众的购买偏好，选择符合他们需求的产品。

2. 产品品质和特点

选品时要注重产品的品质和特点，确保产品具有良好的质量和独特的卖点，能够吸引观众的注意并满足其购买需求。

3. 价格合理性

选择价格合理、性价比高的产品，符合目标受众的消费能力和购买意愿，避免选择过高或过低价位的产品因而影响销售效果。

4. 品类多样性

在选品过程中要考虑产品品类的多样性以满足不同观众的需求，可以选择涵盖不同品类的产品，提升直播的吸引力。

5. 季节性和时尚性

根据季节和时尚潮流选择合适的产品，把握消费者的购买需求和流行趋势，提升产品的吸引力和销售潜力。

6. 产品库存和供应链

确保选品的产品库存充足，保证能够满足观众的购买需求，同时要关注产品的供应链和生产周期，避免出现断货情况。

7. 品牌知名度

选择具有一定品牌知名度和口碑的产品，可以提升观众的信任度和购买意愿，帮助提升销售转化率。

8. 适合直播展示

选择适合在直播中展示和推广的产品，如外观精美、易于展示的产品，能够吸引观众的眼球，增加购买欲望。

通过综合考虑以上内容，在直播选品时可以更好地选择适合的产品，提升直播销售效果，吸引更多观众参与和购买。

（二）直播选品的原则

选品在很大程度上直接决定了直播间的销量。因此，选品需要有严格的标准和复杂的筛选流程。一般只有符合耐销、市场渗透率高、有价格优势、便于演示、使用体验好这五个特点的商品，才能进入选品池。

1. 耐销品

耐销品是指可以一直销售的商品，销售周期长，不会因为季节变化、市场变化、产品热度下降而不容易销售、产生积压库存的商品，比如全季销售的商品、全域销售的商品、大众商品、市场接受程度较高的商品。因此，那些转瞬即逝的网红商品就不具有耐销性。对初创的直播团队来说，需要考虑选品的销售风险、货品的库存风险、对应类目的直播工作开展的人力时间上的风险。

2. 市场渗透率高的商品

市场渗透率是对市场上当前需求和潜在需求的一种比较。选择市场渗透率高的商品，就是选择用户认知度和需求度相对高的商品。

3. 有价格优势的商品

价格优势是促使用户产生购买决策的重要因素。用户因为低价而购买，其本质是用户享受了价格优惠，从而省了钱，产生购买决策。价格优势一般存在于有较大价差的商品及低价商品。

4. 便于演示的商品

直播是结合视听语言于社交电商的行为，选品要符合视听呈现优势，注重互动直播的电商场景。比如，有的商品需要反复讲解，用户才能明白其优势和功效，这样的商品理论上就不适合在直播间即时互动的销售场景中进行营销。如果商品优势传递不出去，或者直播间现有的设备条件、场地布景不能呈现该商品的亮点，这样的商品就不应该出现在直播间。展示空间大的商品会提高直播间产品介绍的完整性、趣味性和营销性。直播要让卖点信息可视化，卖点信息可视化是让消费者更清晰地认识和记住你不同于竞品的特点，也是促使用户购买的推手。

5. 使用体验好的商品

商品介绍是引发用户共鸣的一个过程，消费者喜欢主播，往往是因为他们的语言可以很好地引起用户对于某种商品的需求、使用体验和消费场景的共鸣。然而，在生活中，消费者每天都在感受和体验大量的服务和商品，他们对这些服务和商品的体验感往往是厌倦的，因为消费者对这些商品和服务已经司空见惯了。而作为一个直播人员，则需要持续强化和调动自己对商品的感受和体验。使用体验好的产品在营销呈现、售后服务上，在产品复购、产品口碑、品牌口碑上，以及在粉丝积累上都可以保持持续发展的形势。

（三）直播选品的方法

1. 选择热销产品

当前直播粉丝的兴趣主要集中在快消品上，粉丝更加追求直播带货的性价比。

从平台看，淘宝直播涉及的带货品类较为完善，主要是服装、美妆、母婴、美食、珠宝等；抖音、快手直播主要集中在性价比高的实用型产品，比如时尚美妆、居家日用、女装、食品饮料、数码产品等。其中，抖音直播"美妆＋服装百货"占比较高，产品价格多为 0~200 元、有一定知名度的品牌，快手直播高性价比的无知名度商品较多，所在产业直播比重较大。

从广义上说，目前直播已经覆盖了大部分行业，体验感强、毛利率高、客单价低、退货率低、复购率高的相关非标品更为受益。总体来说，美妆、服饰、快消品为直播强势品类。从经济效益来看，美妆具有高毛利和高成交量的特点，使其成为最受欢迎的直播带货商品。服饰受退货率影响次之。这两者是电商平台最主要的直播带货商品。从专业化程度来看，快消品由于品牌间差异化程度较小，购买决策更多由品牌效应驱动，对带货主播的专业化要求较低，因此成为热门带货品类之一。

对于专业需求较强的商品品类，如珠宝、汽车、数码产品等，主播需要与顾客进行专业化的双向交流来推动购买决策，靠近产品产业链上游的主播往往更加具备说服力。

直播类目及发展趋势分析如图 4-1 所示。

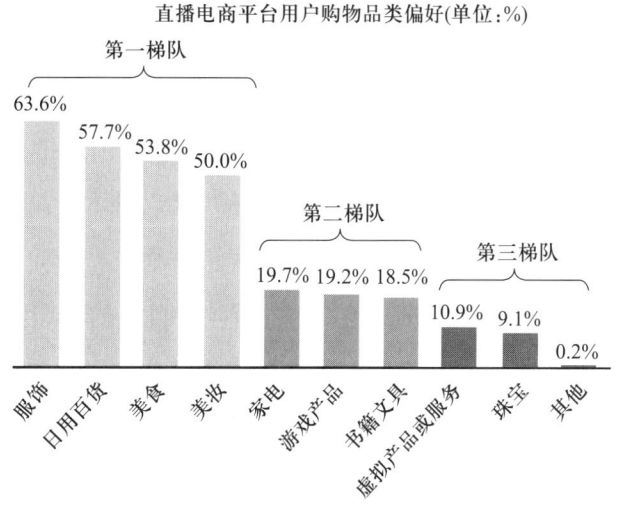

◉ **图 4-1　直播类目及发展趋势分析**

2. 根据粉丝属性以及达人内容垂直度选择商品

（1）根据粉丝属性选择商品。利用内容创作服务平台（如登录抖音创作者后台）或者其他短视频直播数据分析工具，了解账号粉丝的基础画像，比如：粉丝来源、性别、年龄阶层等，甚至可以分析粉丝手机。大数据显示，华为手机的用户市场，相对来说，与用其他部分国产手机的用户相较，后者要下沉一些，如果下沉用户居多，那么就不能卖很贵的商品。仔细分析每个数据，其实都能给直播运营者提供一些新的思路或启发。

（2）根据达人内容垂直度选择商品。如果创业者是内容垂直达人，可以先做与账号定位相关的垂直领域的商品，熟练之后再去拓展其他类目的商品。比如，美食类垂直达人选择的直播带货产品就可以是与美食相关的调料、厨具、特产等。产品测评账号可以塑造真实有信任感的人设，选品主要是围绕与健康、安全相关的产品，比如去甲醛产品、婴幼儿产品、美妆产品等。

如果是非专业领域的泛娱乐达人，可以先选择达人擅长或喜欢的类目来匹配直播间推荐的产品；如果是无明显电商属性的达人，则可依照粉丝画像选品。如果女性粉丝多，可以选择美妆、服饰、居家用品、美食等产品；如果男性粉丝多，可以选择数码科技产品、游戏用品、汽车用品等。

3. 直播带货选品的货品来源

（1）分销平台。淘宝联盟、京东、苏宁易购、考拉、唯品会等电商平台分销商家的产品，以此赚取分销佣金。这些平台基本上没有产品成本，适合零基础想快速启动带货的直播达人，只需要提前购买产品试用并在直播间推荐即可。目前，抖音上大部分主播带货的产品都是来自分销平台。

（2）自营品牌或联名。自营品牌适合自己有产品和供应链的主播。主播可以开通抖音小店，卖自营品牌或者特产之类的产品。联名基本上就是招商，适合头部大主播，利润较高，售后有保障。不过这种方式也有缺点，就是对供应链、货品更新、仓库存储要求非常高，基本上只有头部主播才有自己的供应链。

（3）合作商。这种方式一般都是主播被动接受，比如私信、商务联系，或者对外招商等。这种方式的优点是直播的产品一般都是品牌货，产品质量有保障，转化率高。缺点是品牌货给的佣金一般比较低，但如果是头部主播则有所不同。

（4）供应链。直播电商用户可以自己去拓展供应链，其优点是利润较高，缺点是需要资金链。

（四）直播选品的结构定位

根据运营需要准备引流款、福利款、利润款和品牌款。

1. 引流款

引流款指的是给直播间带来流量的产品，有热度的商品（在市场上声望很高、口碑较好的商品）、低价商品、品牌商品，都可以作为引流款。引流款一般在直播开始的时候使用，在直播中也可以穿插使用。

2. 福利款

福利款可作为宠粉福利、直播间福利，以及活动期商品、粉丝团福利等，这类商品一般具有一定的特殊性，如销售时间不同，价格也不同。福利款一般都选择差价比较大的商品，比如拿出部分库存做福利：原价159元的裤子，直播间半价出售，给粉丝做福利。福利款可以作为引流商品，也可以作为直播间的用户交互和粉丝互动的商品，用来增加用户黏性和树立商家形象。例如，某主播在直播间做9.9元"抢黄金"的活动，给用户的印象是这个直播间的优惠力度很大、实力很强，进而使用户愿意信赖和购买更多商品。如同消费者去超市购物，发现某展区的商品非常便宜，原来15元一条的纸巾只需要4.9元，就会在超市不停地逛，甚至会买300元的商品。适当的高福利会为用户带来良好的第一印象，比如，这个直播间优惠力度很大、直播的产品质量非常好、直播间的主播值得信赖，这样的第一印象利于直播营销的。

3. 利润款

利润款是指高客单价的商品，能够给直播间带来高利润，用于冲销售额。卖1元钱的商品，假设利润率是50%，成交1 000单，总利润就是500元，而卖300元的商品，假设利润率是30%，成交10件，总利润就是900元，比前者高了80%。当然，也可以选择利润较低，但是高客单价的商品，提升直播间的销售额，进而提升总利润。利润款商品的选择应当注意两个条件：产品质量合格和价格合理。购买利润款商品的消费者，往往是对商家最支持、最信赖的粉丝群体，这批用户的流失是直播商的巨大损失。

4. 品牌款

商家应根据品牌的特点设置一定比例的品牌款。品牌赋能商品，可产生一定的品牌效应。品牌背后是消费群、消费力、消费品质、消费偏好度的差别。在信息时代，用户会优先选择品牌商品，且品牌具备市场先导地位。商家可以通过品牌商品来提升直播间的选品品质，比如，直播间卖高端旗舰手机，对其他商品就有背书效应；反之，若直播间卖的都是不知名的商品，那么整体的产品背书、商家的信用背书在直播时就会显得有些乏力。如果主播没有强大的实力，主播的信用背书不够，那么这个直播就很难实现理想的销量。

（五）根据主播定位、账号风格、顾客特征选品

1. 根据主播的级别选品

初级主播应该在直播间增加大量大众、平价品牌的商品，以此赋能主播，同时降低直播难度。中级主播可以选择相对高价的品牌商品。主播相对成熟就有了议价权，可以争取折扣力度最大的品牌商品。

2. 根据账号数据分析来选品

根据价格设置一定比例的高客单价、中客单价、低客单价的商品，或者根据直播历史的用户画像来调整价格取胜的商品分布。在直播过程中，可以根据消费者的成交记录，不断调整直播中商品各个价位的商品数量。

3. 根据用户的性别比例来选品

商品有购买者和使用者之分，有些商品并不是男性用户专用，但是男性用户购买居多；有些商品不是女性用户专用，但是以女性用户购买居多，对这部分商品就应考虑实际的购买人群是否符合直播间的粉丝画像。如果要对直播间进行流量投放，对于男女比例、用户偏好等粉丝画像等重要因素要时刻关注，分析流量与用户如何匹配。

4. 根据年龄层次、不同消费能力、消费偏好等进行选品

根据粉丝的主要特征调整直播商品，根据用户在互动环节中提到的相关问题，以及希望获得的商品来开发商品。针对性越强，开发的效果就越好。直播和实体店经营的思路是一样的，要根据自己店铺客户的情况不断调整商品的种类，这样直播带货的效果才会更好。

（六）根据直播主题选品

根据活动、节日等主题进行选品。例如，春节期间就需要准备大量的家庭生活必需品和年货。中国人都有备年货的习惯，喜欢在过年的时候提前采购吃穿用品，年货一般具有货品丰富度高、货品组合空间大、用户接受度高等特点。

直播一定要设定主题。例如，如果有人问这是一个什么样的直播间，可以说这是一个适合女性的美妆好物推荐平台。主题就是根据直播简介提炼出的带有信息标准的传播语言，让用户第一眼看到直播间就知道这是个什么样的直播间。在直播主题下，用户可以找到符合主题的商品，如果以某种主题引流而来的用户，发现直播内容不是该主题的商品，这个用户就会快速流失，这样就不利于提升直播间的转化率。

（七）账号定位

账号定位与带货方向可以相同，例如，美食直播账号一般做美食方向的垂直类商品，美妆账号就做美妆类目的商品推介。对于以达人为主导的直播，用户与达人的关系有重大影响，账号就是连接用户与达人关系的枢纽。用户沉淀需要账号拥有较好的达人形象或者商家形象，尤其是以短视频为主的账号，以达人为主导的直播需根据达人属性、粉丝画像进行选品。

▶ **知识拓展**

直播带货背后的选品策略

Quest Mobile 报告显示，移动互联网购物的核心群体是"90后"和"00后"，其比例超过4成，他们的购物欲望特别强，比较容易被诱导，并且喜于追星和接受新事物。

1. 低价、高频、刚需产品

低价、高频、刚需类快消品销路好，现在网红直播选的产品大多以女性彩妆、护肤品、服装、生活日用品类的实用快消品为主。这类产品平均客单价一般都不会超过 200 元，属高频、刚需产品，成本也相对透明，便于囤货。又如卫生纸，属用户生活类日用刚需产品，大量用户甚至都是线上线下比过价的，利润率非常低，线上直播卖得更便宜，使得用户的决策成本非常低。

2. 展示性强的产品

展示性强的产品也就是有利于直播间现场"表演"的产品，方便主播直接演示讲解，例如家居用品，厨房、卫生间、客厅、卧室里的生活日用品，也包含一些服装品类。

3. 标准化产品

以服饰类产品为例，为什么睡衣比个性化服装好讲解好卖？为什么女性丝袜比花色的棉袜销量更好？为什么买纯色上衣几乎不用任何思考？根本原因就是标准化服饰对消费者的覆盖层面更广，能满足大多数人的需求，市场空间更大，更为重要的一点是它的退货率远低于设计复杂的品类。

4. 引起共情的产品

"共情"又被称为"同理心"，大量产品沦为同质化产品，根本原因就是产品设计人没有找到与用户"共情"的方法。

二、直播电商的营销策略

直播电商是数字经济时代崛起的一种新型营销方式，它结合了直播和电子商务的特点，为企业提供了全新的营销机会。以下是一些直播电商的营销策略方式。

（一）内容策略

直播过程中，主播可以提供各种吸引人的内容，如产品介绍、使用演示、用户案例分享、行业知识分享等，吸引观众留下并参与互动。在互动环节中，回答观众问题、为其提供建议，可以增加观众参与感，提高其互动意愿。主播风格的选择、特别活动和促销，以及品牌故事和背景也是重要的营销策略考虑方向。

1. 产品介绍和演示

（1）清晰介绍产品特点、功能和优势。

（2）展示产品的实际使用效果，让观众更直观地了解产品。

（3）演示产品的使用方法和技巧，帮助观众更好地了解产品。

2. 用户案例分享

（1）分享用户的使用案例和体验，让观众了解产品的实际效果。

（2）邀请用户参与直播，分享他们的使用经验和感受。

3. 行业知识分享

（1）分享行业相关的知识和趋势，提供有价值的信息给观众。

（2）可以邀请行业专家或资深人士参与直播，分享专业见解和经验。

4. 互动环节

（1）设计吸引人的互动环节，如抽奖、互动问答、投票等，增加观众参与感。

（2）回答观众提出的问题，与观众建立互动，增加直播的趣味性和吸引力。

5. 主播风格

（1）主播的风格要亲和、幽默、有趣，这有助于吸引观众留下。

（2）主播要具备良好的沟通能力和表达能力，能够吸引观众的注意力。

6. 特别活动和促销

（1）设计合适、合理的活动和促销，如限时折扣、特别礼品赠送等，吸引消费者参与购买。

（2）可以在直播中宣传即将到来的促销活动，提前营造购买的氛围。

7. 品牌故事和背景

（1）分享品牌的故事和背景，让观众更了解品牌的文化和理念。

（2）可以邀请品牌创始人或核心团队成员参与直播，分享品牌故事和发展历程。

通过精心设计和执行这些内容策略，企业可以在直播电商中吸引更多观众，提升品牌知名度，增加销售转化率，实现营销目标。

（二）产品展示

展示产品时要专业、清晰地介绍产品特点、优势，全方位展示产品使用效果，以此吸引观众购买。也可以将多个产品进行搭售，提供优惠价格，增加购买动机。展示时需要注意的一些要点如下。

1. 清晰展示产品特点

（1）突出产品的特点和优势，让观众一目了然。

（2）展示产品的外观、功能、材质等关键信息，让观众对产品有直观的认识。

2. 展示产品使用效果

（1）展示产品的实际使用效果，可以通过镜头前近距离拍摄演示、预录制视频播放示范等方式呈现。

（2）展示产品的实际使用效果，可以增加观众对产品的信任感和购买欲望。

3. 比较展示

（1）如果有竞品或同类产品，可以进行比较展示，突出产品的优势。

（2）对比展示可以帮助观众更清晰地了解产品的特点和优势，从而做出更好的购买决策。

4. 产品细节展示

（1）展示产品的细节部分，如特殊工艺、精细设计等，让观众更全面地了解产品。

（2）对于一些有特殊设计或功能的产品，展示对应的细节部分可以有效吸引观众的注意。

5. 产品实拍展示

（1）可以通过实地拍摄的方式展示产品，展示产品的真实效果和外观。

（2）实拍展示可以增加观众的信任感，让他们更有购买的信心。

6. 互动式展示

（1）设计互动式展示环节，让观众参与其中，增加互动性和参与感。

（2）可以邀请观众提出想要了解的问题，根据观众的需求展示产品。

通过以上产品展示策略，企业可以更好地吸引观众的注意，提升产品的吸引力和购买转化率，在直播电商平台取得更好的营销效果。

（三）营销活动

设置限时促销活动，营造购买紧迫感，促进销售达成。同时提供赠品或优惠券等礼品，吸引消费者参与购买。此类活动都是有效的营销活动，具体的要点如下。

1. 促销活动和优惠

（1）提供限时促销活动、特别优惠或折扣，刺激观众购买欲望。

（2）可以在直播中宣传即将到来的促销活动，制造购买的紧迫感。

2. 互动环节

（1）设置多个抽奖环节，观众可以通过购买产品获得抽奖券或留言互动获得额外抽奖机会。

（2）主播设置主题互动讨论环节，通过提问，邀请用户在弹幕或评论区发表观点。

3. 用户案例分享

（1）分享用户的使用案例和体验，让观众了解产品的实际效果。

（2）可以邀请用户参与直播，分享他们的使用经验和感受。

4. 专家访谈和分享

（1）邀请行业专家或知名人士参与直播，分享专业见解和经验。

（2）专家的分享可以增加直播的权威性和吸引力，提升观众对产品的信任感。

5. 品牌故事和文化

（1）分享品牌的故事、背景和文化，让观众更了解品牌的价值观和理念。

（2）品牌故事可以增加品牌认知度和观众对品牌的好感度。

6. 即时互动和反馈

（1）实时回应观众的评论和反馈，增加直播的互动性和真实感。

（2）及时处理观众的问题和疑虑，提升观众对产品的信任感。

7. 幕后花絮和幕后故事

（1）分享产品背后的故事、设计灵感和制作过程，让观众更深入了解产品。

（2）可以展示产品的制作过程、不同设计版本等幕后花絮，增加观众的好奇心和参与感。

（四）直播互动

设置抽奖、互动问答等直播中的互动环节，可以增加直播趣味性，吸引观众留下。与观众建立个性化互动，回答观众提出的问题，有助于增加亲和力，个性化的互动可以增强观众参与感、提升互动体验、加强品牌与用户之间的联系。直播时互动的一些要点如下。

1. 实时问答环节

（1）在直播过程中设立问答环节，让观众提出问题，主持人或嘉宾即时回答。

（2）可以设计产品相关问题，如行业趋势、品牌故事等，增加观众对内容的参与度。

2. 抽奖活动

（1）设计抽奖环节，观众参与互动后有机会获得奖品或优惠券。

（2）抽奖活动可以激发观众的参与欲望，增加直播的趣味性。

3. 投票互动

（1）设立投票环节，让观众参与投票来选择产品设计、活动方案等。

（2）投票互动可以增加观众参与感，让他们感觉自己对品牌的发展有所贡献。

4. 互动游戏

（1）设计各种互动小游戏，如猜价格、猜谜语等，增加观众的参与感和趣味性。

（2）互动游戏可以拉近品牌与观众之间的距离，增加互动的乐趣。

5. 用户实时评论

（1）展示观众的实时评论和留言，让观众们进行互动回复。

（2）观众留言的展示可以让观众感受到自己的声音被听到，增加他们的参与感和忠诚度。

6. 邀请观众参与演示

（1）邀请观众进入直播间参与产品演示或试用，或发布其拍摄的试用视频，与直播间其他观众互动分享使用体验。

（2）观众参与演示可以增加直播的真实感和信任度。

7. 专家在线答疑

（1）邀请行业专家在线解答观众的问题，分享专业知识和见解。

（2）专家在线答疑可以提升直播的专业度和吸引力，吸引更多观众参与互动。

（五）社交分享

鼓励观众在社交媒体上分享直播内容可以增加品牌曝光度。与观众在社交媒体上互动，建立品牌与消费者之间的亲密关系，可以帮助厂商扩大品牌的曝光度，增加观众参与感，提升内容传播效果。社交分享的一些要点如下。

1. 社交平台分享按钮

（1）在直播界面添加社交分享按钮，方便观众将直播内容分享到各大社交平台，如微信、微博、QQ等大型社交平台。

（2）通过社交分享按钮，观众可以快速将喜欢的内容分享给自己的朋友和粉丝，扩大品牌影响力。

2. 引导观众分享

（1）在直播中鼓励观众分享直播链接或内容到自己的社交平台，可以设置奖励机制，如分享后抽奖、获得优惠券等。

（2）提供有趣、有价值的内容，激发观众分享的欲望，扩大直播的传播范围。

3. 用户生成内容（User Generated Content，UGC）分享

（1）鼓励观众在社交平台上分享他们使用产品的照片、视频或评论，形成用户生成内容。

（2）在直播中展示用户生成内容，激发其他观众的参与和分享欲望。

4. 社交平台直播

（1）利用社交平台的直播功能进行直播营销，如在微信、微博、QQ等平台上进行直播。

（2）不同社交平台有不同的用户群体和特点，可以根据目标受众选择合适的平台进行直播。

5. 社交互动环节

（1）设计与社交分享相关的互动环节，如邀请观众在社交平台上艾特（@）好友参与直播、分享自己的看法等。

（2）通过社交互动环节，增加观众在社交平台上的互动和参与度。

6. 社交平台直播转发

（1）鼓励观众在社交平台上转发直播链接或内容，吸引更多新的观众进入直播间。

（2）可以设置转发奖励机制，如送出小礼品或优惠券作为奖励。

通过以上社交分享的内容策略，企业可以利用社交平台的传播力量，扩大品牌

影响力，吸引更多目标受众参与直播互动，提升营销效果和品牌认知度。

（六）数据分析

通过数据分析，厂商可以了解观众的喜好和反馈，优化直播内容和营销策略。分析销售数据，可以了解产品热销情况，调整产品组合和定价策略。数据分析的一些要点如下列示。

1. 观众数据分析

（1）观众数量。分析直播期间观众的在线人数、观看时长等数据，了解直播的受众规模。

（2）观众属性。分析观众的地域分布、性别、年龄段等特征，帮助企业更好地了解目标受众群体。

（3）观众行为。分析观众在直播中的行为，如点赞、评论、分享等，评估观众参与度和互动效果。

2. 直播内容数据分析

（1）直播内容热度。分析不同直播内容的受欢迎程度，了解观众对不同内容的偏好，为后续直播内容策略调整提供依据。

（2）直播时长。分析直播时长与观众留存率的关系，找出最佳直播时长，避免直播过长或过短影响观众体验。

（3）产品展示效果。分析产品展示的点击率、转化率等数据，评估产品展示效果，优化产品展示策略。

3. 销售数据分析

（1）销售额。分析直播期间的销售额、订单量等数据，了解直播带来的销售效果。

（2）销售转化率。分析观众从观看直播到购买产品的转化率，评估直播的销售转化效果，优化销售策略。

（3）热门产品。分析直播中销售最好的产品，了解观众购买偏好，为产品推广和库存管理提供参考。

4. 互动数据分析

（1）互动次数。分析观众在直播中的互动次数，了解观众参与度，评估直播互动效果。

（2）互动方式。分析观众的互动时间，如评论、点赞、分享等行为发生的具体节点，优化安排互动环节，提升观众参与度。

5. 用户反馈数据分析

（1）用户评论。分析观众的评论内容，了解用户对直播内容和产品的评价，为后续改进提供参考。

（2）用户反馈。分析用户的反馈意见和建议，及时调整直播策略，提升用户体验。

（七）合作推广

与有影响力的达人或名人合作，可以增加直播的曝光度和吸引力。也可与其他品牌合作举办联合直播活动，共同推广产品，扩大影响力。一些常见的合作推广方式如下列示。

1. 行业合作

与相关行业的品牌、机构或个人进行合作，共同举办直播活动，互相推广，扩大受众范围。

2. KOL 合作

与知名的意见领袖或网红合作，邀请他们参与直播活动，帮助吸引更多粉丝和观众。

3. 品牌合作

与其他品牌进行合作，共同推出联合产品或服务，通过直播活动展示合作成果，提升品牌知名度。

4. 平台合作

与直播平台合作，参与平台举办的活动或合作项目，获得平台资源支持，提升直播曝光度。

5. 粉丝互推

与其他直播主或品牌进行粉丝互推，相互宣传对方的直播活动，扩大双方的粉丝基础。

6. 线下活动合作

结合线下活动，如展会、发布会等，与相关合作伙伴进行联合直播或合作推广，实现线上线下互动。

7. 奖品赞助合作

与赞助品牌合作，提供奖品赞助，通过抽奖等形式吸引观众参与，增加直播互动性。

8. 内容合作

与内容创作者或专家合作，共同制作有价值的内容，提供专业知识或娱乐内容，吸引更多观众关注。

三、粉丝互动与转化技巧

（一）互动方式的选择与深化

在直播互动中，选择适合的方式并深化其应用，能够极大地提升观众的参与感和直播的吸引力。

1. 弹幕与实时评论互动

弹幕和实时评论是直播中最为常见的观众互动形式。它们为观众提供了一个即时发表观点、分享感受的平台，同时为主播提供了了解观众反馈、调整直播内容的窗口。

（1）个性化弹幕样式或特效。为了增加粉丝的参与感，直播平台可以考虑引入更为个性化的弹幕样式或特效。例如，观众可以选择发送彩色弹幕、大字体弹幕或者使用特定的表情符号来表达自己的情感。这些特殊的弹幕样式或特效能够在众多的弹幕中脱颖而出，吸引主播和其他观众的注意。

（2）主播实时回应评论。主播在直播过程中应该积极关注并回应观众的评论。这不仅可以让观众感受到被重视，还能够增强直播的互动性。例如，主播可以定期读取并回答观众的问题，或者对观众的评论进行点赞、回复等操作。这种即时的互动反馈能够让观众更加投入，提升整体的观看体验。

例如，在一场美妆产品的直播中，主播可以利用弹幕和实时评论与观众进行深入的互动，如提出关于护肤、化妆技巧等方面的问题，并引导观众在弹幕或评论区回答。通过这种方式，主播不仅能够了解观众的需求和困惑，还能针对性地给出解决方案，并顺势推荐相关的美妆产品。这种互动方式既增加了直播的趣味性，又提升了产品的转化率。

2. 礼物打赏系统优化

礼物打赏是直播中另一种重要的互动方式。观众可以通过赠送虚拟礼物来表达对主播的喜爱和支持，而主播则可以通过获得礼物来增加收入并提升直播间的热度。

（1）设置多层次的礼物打赏选项。为了满足不同粉丝的打赏需求，直播平台可以设置多层次的礼物打赏选项。从小额到大额，各种价值的虚拟礼物应尽量齐全。这样，无论经济条件一般的观众还是愿意大额打赏的粉丝，都能够找到适合自己的打赏方式。

（2）定期举办打赏榜竞赛。为了激发粉丝之间的竞争精神，直播平台可以定期举办打赏榜竞赛。例如，每周或每月评选出"打赏之星"，对在打赏榜上名列前茅的粉丝进行奖励和表彰。这种竞赛机制能够刺激粉丝的打赏行为，提升直播间的热度和活跃度。

通过优化礼物打赏系统，直播平台不仅能够增加收入，还能够提升观众的参与感和忠诚度。观众在赠送礼物的过程中能够感受到自己的支持和喜爱被看见和认可，从而更加积极地参与到直播中。

3. 游戏化互动环节

将游戏元素融入直播中，设计富有趣味性和挑战性的游戏化互动环节，能够让观众在参与游戏的过程中加深对产品的了解，提升观看体验。

（1）答题赢奖品。主播可以设计一些与直播内容相关的问题，并邀请观众在弹幕或评论区回答。回答正确或最接近正确答案的观众可以获得小礼品、优惠券等奖励。这种方式既能够检验观众对产品的了解程度，又能够增加直播的趣味性和互动性。

（2）猜价格游戏。在展示商品时，主播可以邀请观众猜测商品的价格。猜中或猜测价格最接近实际价格的观众可以获得相应的奖励。这种游戏不仅能够让观众对商品的价格有更深入的了解，还能够增加直播的悬念和趣味性。

通过设计各种游戏化互动环节，主播能够将单调的产品介绍变得生动有趣，让观众在轻松愉快的氛围中了解并购买产品。同时，这种互动方式能够提升观众的参与感和忠诚度，为后续的直播打下良好的基础。

（二）互动节奏的精准掌控

互动节奏在直播中起到了至关重要的作用，它关乎着观众的观看体验、参与度以及直播的整体效果。因此，主播及其团队需要精准地掌控互动节奏，确保直播能够有序、有趣地进行。

1. 时间规划与节奏把握

时间规划是确保直播顺利进行的基础。在直播开始前，主播及其团队应该对整场直播的内容、互动环节和所需时间进行详细的规划。这包括产品介绍、互动游戏、问答环节、优惠活动等各个环节的时间分配。通过精确的时间规划，可以确保每个环节都有充足的时间进行，避免直播过程中出现冷场、拖沓或时间不够用的情况。

在直播过程中，主播需要敏锐地把握节奏。这要求主播具备丰富的直播经验和良好的应变能力。当观众参与度高、互动热烈时，主播可以适当加快节奏，增加互动频率，以保持观众的兴奋度。而当观众参与度较低或出现冷场时，主播则需要放慢节奏，增加一些有趣的互动环节或话题，以吸引观众的注意力。

因此，在直播开始前，主播团队可以制定一个详细的时间表，明确每个环节的起止时间和主要内容。在直播过程中，主播可以根据实际情况灵活调整节奏，确保整场直播的节奏既不会过于紧凑也不会过于拖沓。

2. 高潮点的设计与营造

高潮点是直播中最为关键和激动人心的时刻。在这些时刻，观众的注意力和参与度往往往往达到最高峰。因此，主播需要精心设计并营造高潮点，以提升直播的氛围和观众的购买欲望。

设计高潮点的方法有很多，其中最常见的是通过音乐、特效等手段来营造紧张刺激的氛围。例如，在产品发布环节，主播可以播放一段激昂的音乐，同时配合炫目的特效来展示新产品。这种视听上的冲击能够迅速吸引观众的注意力，并激发他们对新产品的兴趣。

除了音乐和特效，主播还可以通过语言来营造高潮点。例如，在宣布优惠活动时，主播可以使用激动人心的措辞和语调来调动观众的情绪。如："接下来的这个优惠活动是我们精心准备的，力度空前！大家千万不要错过！"这样的语言能够迅速激发观众的购买欲望和参与感。

在营造高潮点的过程中，主播还需要注意节奏的把握。过于频繁或过于平淡的高潮点都可能导致观众失去兴趣。因此，主播需要根据直播的实际情况和观众的反应来灵活调整高潮点的设计和营造方式。

（三）互动话题的创意策划

在直播互动中，话题的选择和策划是吸引观众、提升参与度的关键。一个有趣且相关的话题能够迅速抓住观众的注意力，并引发深入的讨论。

1. 结合产品特点的话题

每个产品都应有其独特的卖点和优势，这些特点往往是吸引消费者的关键。因此，在直播中，主播应该深入挖掘产品的特点，设计与之紧密相关的话题。

（1）产品的创新功能。主播要重点介绍产品的创新功能，如新技术、新设计等。通过展示这些创新点，能够激发观众的好奇心和购买欲望。例如，在科技产品直播中，主播可以详细介绍产品应用的最新技术，如"这款耳机采用了最新的降噪技术，能够让您在嘈杂的环境中也能享受纯净的音乐体验"。

（2）产品的使用场景。主播要描述产品在不同场景下的应用，帮助观众想象和体验产品的实际效果。例如，在家居用品直播中，主播可以描述产品在家中的具体使用场景，如"这款智能扫地机器人可以轻松打扫客厅、卧室等各个角落，让您享受轻松的家务时光"。

通过结合产品特点策划话题，主播能够让观众更加深入地了解产品，并产生强烈的购买意愿。

2. 时事热点与流行文化的融入

时事热点和流行文化是人们普遍关注的焦点，将这些元素融入直播话题中，能够迅速吸引观众的注意力，并增加直播的趣味性。

（1）时事热点的巧妙运用。主播可以关注当前的新闻事件、社会热点等，将其与直播内容相结合。例如，在美妆直播中，主播可以围绕当前的时尚趋势或热门事件来设计话题，如："最近大家都在关注环保问题，我们今天就来聊聊如何选择环保又实用的美妆产品吧！"

（2）流行文化的巧妙融入。结合当前的流行文化元素，如热门电影、电视剧、综艺节目等，将其与直播话题相融合。例如，在服装直播中，主播可以借鉴热门影视作品中的服装风格来设计话题，如："最近有一部热播剧《×××》，里面的服装风格特别受欢迎，我们今天就来一起探讨如何搭配出类似的时尚造型吧！"

通过巧妙地融入时事热点和流行文化元素，主播能够提升直播的时效性和趣味性，吸引更多观众参与互动。

3. 粉丝故事与经验的分享

鼓励粉丝分享与产品相关的故事或经验，不仅能够增强粉丝与直播的情感联系，还能为潜在用户提供真实的购买参考。这种互动方式能够让观众感受到自己的参与价值，并提升直播的信任度和口碑。

（1）粉丝故事的征集与分享。在直播前或直播过程中，主播可以邀请粉丝分享与产品相关的故事或经历。例如，在旅游直播中，主播可以邀请已经去过目的地的粉丝分享他们的旅行故事和体验，如美丽的风景、独特的风俗等。这些真实的故事能够让潜在用户对目的地产生更强烈的兴趣和向往。

（2）粉丝经验的交流与借鉴。除了分享故事，主播还可以鼓励粉丝分享使用产品的经验和心得。例如，在美妆直播中，主播可以邀请粉丝分享他们使用某款美妆产品的技巧和效果，或者解决某些肌肤问题的经验等。这些实用的经验能够为其他观众提供有益的参考和借鉴。

鼓励粉丝分享故事和经验，能够打造一个真实、有趣的互动环境，让观众在轻松愉快的氛围中了解产品并产生购买意愿。同时，这种互动方式能够增强粉丝对直播的忠诚度和黏性，为后续的直播打下良好的基础。

（四）粉丝兴趣的精准引导

在直播营销中，了解和引导粉丝的兴趣是至关重要的。通过精准地掌握粉丝的兴趣点，主播能够更有效地吸引他们的注意力，提升互动质量，并促进购买行为。

1. 数据分析与行为追踪

数据分析是现代营销的核心，它能够帮助主播深入了解粉丝的行为和兴趣。通过对粉丝观看时长、互动频率、购买行为等数据的分析，主播可以得知哪些内容更受欢迎，哪些互动方式更有效，以及粉丝的购买偏好等信息。

（1）观看时长与互动频率。这些数据可以反映粉丝对直播内容的兴趣程度。如果某个环节的观看时长和互动频率明显高于其他环节，那就说明这个环节的内容更受粉丝喜欢，主播可以在后续的直播中加强这方面的内容。

（2）购买行为。通过分析粉丝的购买记录，可以了解他们的消费习惯和偏好。例如，如果某类产品的销量一直很好，那么主播可以针对这类产品进行更多的推广和介绍。

此外，追踪粉丝在社交媒体上的行为也是了解他们兴趣的重要途径。通过关注他们点赞、分享、评论的内容，可以获取更多关于他们兴趣的信息。

2. 问卷调查与反馈收集

问卷调查和反馈收集是获取粉丝意见和建议的直接方式。主播可以定期发起问卷调查，了解粉丝对直播内容、互动方式、商品选择等方面的满意度和改进建议。同时，在直播后设置反馈环节，收集粉丝的实时反馈，以便及时调整直播策略和内容安排。

这些反馈不仅可以帮助主播优化直播效果，还可以增强粉丝的参与感和归属感。当粉丝看到自己的意见和建议被重视和采纳时，他们会更加支持和关注主播的直播。

3. 社群运营与粉丝互动

建立并活跃粉丝社群是保持与粉丝持续互动的有效途径。在社群中，主播可以定期发布有趣的内容、组织线上活动、发起话题讨论等方式来激发粉丝的参与热情。同时，通过观察和分析社群中的互动情况，主播可以更加准确地把握粉丝的兴趣点和需求。

例如，主播可以在社群中发起关于产品使用心得的分享活动，或者针对某个热门话题进行投票表决。这些活动不仅能够提升社群的活跃度，还能够为主播提供更多关于粉丝兴趣和需求的宝贵信息。通过这些信息，主播可以更加精准地策划后续的直播内容和互动环节。

（五）转化路径的优化与缩短

在直播营销中，优化和缩短转化路径是提高销售效率的关键。一个简洁、高效的购买流程能够最大限度地减少用户的决策时间和流失率，从而增加购买转化率。

1. 简化购买流程

购买流程的复杂程度直接影响用户的购买意愿和转化率。因此，优化购物流程、减少不必要的步骤和点击是至关重要的。

（1）一键购买或快速结账功能。这些功能允许用户在观看直播的同时直接完成购买，无须跳转到其他页面或进行复杂的操作。通过简化购买流程，可以降低用户的购买难度和决策时间，从而提高转化率。

（2）减少信息输入。在购买过程中，尽量减少用户需要输入的信息量。例如，通过预填充表单、使用社交媒体账号登录等方式来减少用户的输入操作。

（3）清晰的购买指引。在直播界面上提供明确的购买指引和按钮，确保用户能够轻松找到并完成购买流程。

2. 强化购买引导与刺激

在直播过程中，主播可以通过多次强调购买方式、优惠信息、限时折扣等手段来加深粉丝的印象并刺激他们的购买欲望。

（1）购买方式的强调。主播可以多次提醒观众如何购买商品，确保他们清楚了解购买流程。例如："大家注意看屏幕下方的购买链接，点击进去就可以选择你喜欢的商品并下单了。"

（2）优惠信息和限时折扣的刺激。主播通过宣布优惠信息、限时折扣等方式来营造紧张氛围，激发观众的购买欲望。例如："接下来的十分钟内下单的朋友都可以享受9折优惠哦！赶快行动吧！"

（3）社会证明效应的应用。主播通过展示已购买用户的评价或晒单产生社会证明效应，提升商品的信任度和吸引力。这种方式可以让潜在买家看到其他用户的真实反馈，从而增加他们的购买信心。

3. 提供多样化的支付方式

为了满足不同粉丝的支付需求，提供多种支付方式选择是至关重要的。除了常见的信用卡、支付宝、微信等支付方式，还可以考虑引入以下支付方式：

（1）分期付款。对于一些价格较高的商品，提供分期付款选项可以减轻用户的经济压力，促进他们做出购买决策。例如："这款高端手机支持分期付款哦！您可以选择分 3 期、6 期或 12 期来支付。"

（2）货到付款。对一些对在线支付持谨慎态度的用户来说，提供货到付款选项可以增加他们的购买信心。这种方式允许用户在收到商品后再进行付款操作，降低了购买风险。例如："如果你担心在线支付的货物品质问题，可以选择货到付款哦！收到商品后确认无误再付款就可以了。"

（六）转化率的持续提升策略

在直播营销中，持续提升转化率是确保销售持续增长的关键。

1. 商品组合与套餐优惠

商品组合和套餐优惠是刺激粉丝购买欲望的有效手段。通过合理的商品搭配和优惠设置，可以引导粉丝增加购买量，提高整体销售额。

（1）热销与滞销商品搭配。将热销商品与滞销商品进行搭售，利用热销商品的吸引力带动滞销商品的销售。这种策略不仅可以提高整体销售额，还有助于平衡库存。

（2）满额赠品与满减优惠。在直播间设置满额赠品活动，鼓励粉丝增加购买量以达到赠品门槛。同时，提供满减优惠，让粉丝在达到一定购买金额后享受价格减免。这些活动都能有效刺激粉丝的购买欲望。

2. 互动玩法与购买激励

结合商品特点设计互动游戏和购买激励，可以增强粉丝的参与感和购买动力。

（1）限时抢购与猜价游戏。设置限时抢购活动，营造紧张氛围，激发粉丝的抢购欲望。同时，开展猜价游戏等互动环节，让粉丝在参与游戏的过程中了解商品价值并产生购买兴趣。

（2）积分系统与会员等级制度。建立积分系统，让粉丝在购买过程中积累积分。积分可以用于兑换礼品或抵扣现金，从而增加粉丝的购买黏性。同时，设立会员等级制度，根据粉丝的购买金额、活跃度等因素提升会员等级，享受更多优惠和服务。这种制度有助于培养粉丝的忠诚度和提高复购率。

3. 售后服务的强化与完善

优质的售后服务是提升转化率的重要环节。提供满意的售后服务可以增强粉丝的信任感和忠诚度。

（1）清晰透明的退换货政策。确保退换货政策明确、公平且易于理解有助于提升转化率，让粉丝在购买时无后顾之忧，增加他们的购买信心。

（2）便捷的售后渠道与快速响应机制。建立多种售后渠道，如电话、在线客服、社交媒体等，方便粉丝随时联系并解决售后问题。同时，建立快速响应机制，及时处理粉丝的售后请求和投诉，提升他们的满意度。

（3）定期关怀与回访。定期向已购买用户发送关怀邮件或短信，了解他们的使用情况并提供必要的帮助和支持。这种关怀可以增强用户的忠诚度和满意度，也有助于发掘潜在问题和改进产品。此外，定期回访已购买用户，收集他们的反馈和建议，以便进一步完善产品和服务。

▶ 知识拓展

时尚品牌直播中的粉丝互动与转化提升

某知名时尚品牌为了推广其新季度系列，决定在主流直播平台上进行一场主题为"新品抢先看，时尚不等人"的直播活动。本次活动的目标是提升品牌知名度，增强与粉丝的互动，并促进新品的销售。

1. 直播前的准备

（1）预告发布。品牌商在社交媒体、官方网站和邮件订阅中提前一周发布直播预告，告知粉丝直播时间、主题和互动环节。

（2）嘉宾邀请。邀请品牌的设计师和当红时尚博主作为嘉宾，增加直播的权威性和吸引力。

（3）设置互动游戏。设计了"时尚快答"和"穿搭大挑战"等互动游戏，并准备精美的小礼品作为奖励。

2. 直播过程

（1）开场互动。主播首先感谢粉丝的到来，并简要介绍了直播流程。随后，设计师和时尚博主分别分享了新品的设计理念和穿搭建议。

（2）产品展示。模特穿着新品走秀，主播详细描述了每款服装的特点和搭配建议，同时回答粉丝的提问。

（3）互动游戏环节。在"时尚快答"游戏中，粉丝需要在限定时间内回答与时尚相关的问题，答对者有机会获得礼品。在"穿搭大挑战"中，粉丝需根据提供的服装和配饰，搭配出最时尚的造型，并分享到社交媒体上，最佳搭配者将获得大奖。

（4）购买激励。直播期间，提供限时折扣和满减优惠，同时承诺直播结束后的一周内，购买直播中展示的新品可享受专属优惠。

3. 直播后的跟进

（1）直播回放。直播结束后，品牌商迅速上传了直播回放，方便错过的粉丝观看。

（2）获奖公布。在社交媒体上公布互动游戏的获奖名单，并私信通知获奖者领取奖品。

（3）用户反馈收集。通过邮件和调查问卷收集粉丝对直播的反馈，以便下次改进。

4. 结果

（1）互动效果提升。直播期间，粉丝互动频繁，弹幕和评论数量大幅增加，互动游戏环节更是引发了粉丝的积极参与和分享。

（2）销售转化显著。直播结束后的数据显示，新品销售额在直播期间和之后的一周内都有显著提升，证明直播对销售的促进作用。

（3）品牌知名度增强。通过这次直播，不仅巩固了老粉丝的忠诚度，还吸引了一批新的关注者和潜在客户。

技能训练

一、设计并实施直播营销活动

请各小组选取自己家乡具有代表性的一款农产品，根据前序项目完成的直播策划方案，完成一场直播营销活动，这部分内容将围绕 4 个任务展开。

任务一：直播开场组织

在农产品直播的开场阶段，除了按照通用的开场方式进行组织，还可以增加对农产品特点的技能介绍，增加对原产地文化的讲解和介绍，具体可参考以下方式。

（一）讲述风土人情，融入当地文化

在直播的开场阶段，主播语言应当简洁有力，直入主题，所说的每一句话都要为介绍商品埋下伏笔。主播要考虑为用户提供什么样的特色服务才能够满足他们的需求，才能够激发他们的观看兴趣。主播可以通过描述自己的生活场景或田园风光吸引用户的关注，激发用户对乡村生活的向往与追求。

当用户对商品产生好奇心时，主播便可以很自然地切入商品，然后为用户详细讲述风土人情，讲解农产品的特色和亮点。当用户对乡村生活有了更深切的感受时，主播就赢得了用户的信赖，最终激发出用户的购买欲望。

（二）将用户带入真实的情境

主播通过语言营造一种氛围，让用户进入自己预设的情境之中，就能大大提高成交率。生动的描述可以让用户迅速进入预设的情境，激发他们的购买欲望。

（三）突出自己的优势资源

农产品直播特别讲究对资源的开发和利用，这里的资源既包括农产品，也包括乡土文化。很多生活在乡村的主播对自己周围的环境过于熟悉，所以觉得平平无奇，但乡村生活和乡村文化对很多非农村生活或不熟悉本地特色的用户来说其实是新奇、有趣的。因此，主播可以在直播中向用户展现乡村的美景、群众生活和乡村文化，这样可以使推荐的商品具备更多的文化内涵。

这里以湖南江永香柚为例，具体的开场话术安排示例如表4-1所示。

⊙ 表4-1　以湖南江永香柚为例的开场话术

开场环节	开场话术
自我介绍	各位观众，大家好，欢迎来到"助农优选"直播间，我是主播小伍。我是地地道道的湖南永州江永人。我们家有300亩江永香柚园，请大家多多关注我们直播间，我们将为大家持续带来更多品种的美味江永香柚
内容预告	今天为大家带来天然蜜和自然甜两个品种，分别有20斤装、50斤装、100斤装。这两个品种是相对早熟的品种。从现在到11月上市，大家可以期待一下

开场环节		开场话术
互动热场	讲述风土人情，融入当地文化	清道光年间（1848 年），《永明县志》《风土志》有关柚的记载，言及"橘柚疑烟翠"，叙述了清代已植很多柚树。由于江永县独特的土壤和气候，通过果农长期的栽培和选育，香柚已成为江永县的独特品种。20 世纪 90 年代初，香柚作为名特优产品开始大基地开发，面积发展到 13.8 万亩。1995 年，首届中国特产之乡推荐暨宣传组委会授予江永县"中国香柚之乡"称号。2008 年 7 月 1 日，农业部正式批准对"江永香柚"实施农产品地理标志登记保护
	将用户带入真实的情景	江永种植范围较广，许多家庭门前屋后都会种几棵香柚树，初秋一到，树枝上便会长满柚子，孩子们在树下做游戏，童年都是充满了清甜的香柚味道。现在我们将儿时记忆中的美味送到您的面前
	突出自己的优势资源	我们销售的都是自家果园的香柚，果子自产自销，避免中间商赚取差价，把实惠带给大家。市面上有些卖家为了物流过程中果子不会腐坏，果子七成熟时就会被摘下来，而我们的果子都要九成熟后才会采摘，所以大家要及时下单，下单了我们才能排期，等果子熟了我们才能发给您

任务二：直播商品讲解要点介绍

直播的中间阶段是影响主播达成卖货目标的关键时段，这一阶段的重点是留住用户，营造活跃的直播间气氛，这需要主播提前策划和准备。主播可以依靠自己的机智与幽默，用构思好的话术化解用户的倦怠情绪，在直播进行到一半的时候及时制造"爆点"，有计划地掀起一波新的高潮。

尤其是对单品直播来说，产品品类比较少，这导致很多时候主播会重复相似的话术。因此在产品讲解过程中，穿插一些有趣的互动环节，有利于增加用户在直播间的停留时长。

一场好的直播大多是有策划的，否则很少有人能在漫长的直播过程中随时保持妙语连珠的状态。下面介绍几个讲解农产品时的要点。

（一）讲述产品所承载的历史人文典故，赋予产品深厚的文化意义

农产品直播可采用一位主播和一位辅播相互配合的形式。主播在农产品讲解过

程中除了介绍产品的销量、品种、口味、食用场景和价格等信息外，可以通过引用产品承载的历史人文典故，借助深厚的文化底蕴给产品价值进行赋能。

这里以介绍湖南麻阳橙为例：

> 麻阳橙，特别是麻阳冰糖橙，其历史典故丰富且深具文化底蕴。麻阳冰糖橙的栽培历史可以追溯到先秦时期，当时麻阳当地人已经开始种植酸橙、黄柑、朱橘等古老品种。然而，真正使麻阳橙子名扬四海的，是清朝顺治年间从四川、贵州等地引进的甜橙品种。经过精心培育，麻阳人民成功培育出了闻名全国的麻阳冰糖橙。在这里，人们可以感受到全中国最丰富的盘瓠文化实物。盘瓠，是中国古代神话传说中的神犬，曾帮助高辛帝取得犬戎吴将军首级，因此而获高辛帝"妻以少女"。其后滋蔓，成苗民先祖。这一传说在麻阳地区流传甚广，成为当地文化的重要组成部分。

深挖产品背后的文化背景，可以为品牌赋予更深厚的意义。

（二）讲述农产品背后的故事，赞扬匠人精神

主播可以通过讲解农产品背后培育、种植、生产过程的独运匠心，突出产品品质，打造产品品质差异化。在直播销售袁隆平大米"耐盐碱助农特别款"时，在描述大米的味美和香甜之外，主播特别强调"（改良）耐盐碱是高科技，过去盐碱地是种不出东西的""在不破坏环境的前提下，增加了耕地面积，这是非常了不起的""一袋大米凝结了无数科学家的劳作和辛苦"。直播介绍团队通过3年寻地，科学严谨地比对气候、水源、土壤等多方面信息，最终筛选出优质区域建设种植基地。了解到袁隆平团队在大米生产过程中自建基地、精心培育、亲力亲为、严格监管，消费者会对产品品质更加有信心。

（三）尽可能多地制造出金句和传播素材

相较于传统电商和实体商铺，直播带货拥有更强的互动性和娱乐性。跟数码产品、化妆品等品类相比，农产品展示性和话题性相对较弱。此时，需要多制造出金句和传播素材，便于为直播和产品制造热度和裂变。例如，在"东方甄选"的主播在讲解农产品时深挖农产品的内涵和背后深意，妙语连珠。如在介绍玉米时，说道："夜风袭来树叶沙沙作响，天空偶尔飞来两只不知名的鸟，你一只手里拿着筷子戳着的玉米在啃，一只手里还贪心地抱着水井里刚取出来的冰镇西瓜。那时候你头也不疼，颈椎也不疼，也不会在失眠的夜里辗转反侧，也不会在睡醒的早晨感觉

昏头昏脑。那时候，爸妈身体还很健康，他们年轻、平安，爷爷奶奶也陪在你身边。你其实不是在想玉米，你在想当年的自己。"

主播通过对生活细节的精准捕捉，以及深厚的文化底蕴加持，将童年回忆勾勒得活灵活现，引发网友共鸣。网友感慨："你在人间卖理想，我们在感受内心的情怀。"以湖南江永香柚为例，产品介绍话术示例如表4-2所示。

⦿ **表4-2　以湖南江永香柚为例的介绍话术示例**

品种		香柚，顾名思义，具有气味清香的柚子，而在柚子中，江永香柚（江永贡柚）最为出名，湖南省永州市江永县生产的香柚，味道甜美，气味芳香，品种优良，历史悠久，在古代就是贡品。这得益于当地特有沙壤和温湿气候，适宜的大自然环境，当地人民的辛苦耕耘，物华天宝，盛产出来的香柚，品位独特
产品话术	历史悠久	唐代诗人王昌龄在此留下"醉别江楼橘柚香"的千古佳句。清同治《黔阳县志》称"实繁味别，亦他邑不能及，故人争趋焉"。其果呈椭圆形，果面黄色，皮薄易剥、肉多核少
	环境适宜	香柚产区属亚热带湿润季风气候区，热量丰富，雨量充沛，无霜期长，四季分明，具有春早、夏热、秋短、冬暖、无持续性冰冻天气的特点。产区年均气温18.0℃，最高年均温度18.4℃，绝对最高温40℃
	香味独特	香柚不仅果大、皮薄、肉嫩、核少、甜酸适度、营养丰富，而且树叶、果皮果肉都浓郁芬香，被誉为"水果之王"
	功效	瓣呈长肾形，11~15瓣，伴有清甜的晶状颗粒。汁脆柔嫩，香甜微酸，清脾去火，乃柚中之极品
	耐放	在诸多品种中较为耐储存，而且我们采用锁鲜包装，全程冷链运输，保证大家拿到货后，果实新鲜紧实，果皮鲜红不变色，果肉鲜甜不变味
	服务保障	如今电商供应链已经非常完备了，您现在下单，我们现采、现摘、现发货，全国大部分城市基本24小时可以到货，收到货后，如果发现有坏果、烂果，大家可以拍照发给客服，我们给您赔付

任务三：直播互动技巧

在农产品直播中，主播烘托直播氛围、制造热烈的互动是非常重要的。除了要精心准备灯光、道具、音乐，与用户进行有效的互动更能够给用户带来好的直播体验，也更能增加用户在直播间的停留时间，提高成交率。

（一）有效抽奖

抽奖是很受欢迎的互动方式之一。主播可利用抽奖来增加用户平均停留时间，提高用户黏性。农产品直播间里，主播可以结合农产品的特殊性来给用户设计抽奖奖品。比如主播可以把直播间设在果园里，随机挑选即将成熟的水果作为抽奖奖品，做好信息标记，邀请中奖用户在水果采摘的时候来到直播间观看采摘过程，这样既给用户带来了新鲜感、仪式感，又给所有的用户展示了采摘的过程，满足用户的好奇心，增加用户对产品现摘现卖的信任度。又或者在葡萄园，主播可以将第一批少量成熟的葡萄作为抽奖奖品，并与中奖用户约定好在直播间反馈葡萄的味道，以第三方评价的方式大大地增加商品可信度，带动直播间其他用户下单成交。

（二）引发情感共鸣

主播还可以在直播过程中与观众互动，例如农作物是怎么种植的，要注意什么，在自己做农产品的过程遇到过什么挫折，后来怎么克服的，或者在介绍产品产地的时候提一提当地一些有趣的风俗等，利用自己的故事、文化或农耕知识来同观众互动，拉近与观众的距离。

（三）才艺互动

农产品的产地通常有着朴实且独具特色的风土民情，农产品的主播通常也多才多艺。主播可以在直播过程中演唱具有当地特色的歌曲。如"东方甄选"直播间在为陕北农产品带货直播时，主播们在现场跟着民俗文化传承者学习安塞腰鼓、安塞剪纸、黄河老腔、皮影戏，演唱《南泥湾》等。

以湖南江永香柚为例的直播互动话术示例如表4-3所示。

⊙ 表4-3　以湖南江永香柚为例的直播互动话术示例

互动形式	时长	互动说明	互动话术
开播抽奖	5分钟	抽奖门槛：输入口令"江永香柚"且关注直播间； 抽奖方式：截屏抽奖，每次抽一个； 奖品：10元红包； 商品链接：1~3号链接； 最小存货单位：标准版； 奖品发放：确认收货退款	抽奖预热（提前透露）：粉丝们，开场语不多说，抽一次奖； 抽奖规则介绍：等会我们要抽奖送出10元红包好礼，每次礼品抽奖采取截屏的方式。大家互动留言，打出江永香柚，我们截屏抽中的，并且已经关注重播间的粉丝即中奖，各位直播间的观众朋友们赶紧留言起来，我们要开始了； 抽奖执行：准备好了吗？我们倒数5个数，54321。恭喜这位粉丝获得我们的大奖，您可以拍下商品，确认收货后联系客服，我们将返10元红包
互动游戏	5分钟	游戏规则：3款香柚识别哪款是香味香柚； 参与方式：评论区留言答题； 中奖方式：在答对的用户中抽3名中奖； 奖品：降火茶1盒； 商品链接：1号链接； 奖品发放：随商品发出	游戏预热：粉丝们，刚刚介绍了很多关于香味香柚的信息，那大家能够从众多品种中识别出哪个是香味香柚吗？接下来我们就来做个小游戏； 游戏规则介绍：现在我面前有3款不同种类的香柚，看看大家能不能从中识别出哪个是香味香柚。1号，2号还是3号？大家把答案写在评论区，我们将从答对的朋友当中抽取3位幸运儿，下单后，我们将随包裹送出降火茶1盒； 活动执行：好的，大家有答案了吗？看看这3种香柚，猜一猜哪一个才是我们今天要介绍的香味香柚。有答案了，就把对应的序号打在我们评论区。售后将抽3位答对的朋友，送上降火茶1盒
专家分享	20分钟	嘉宾：水果专家； 物料：测糖仪器	主播：我们刚刚说了香味香柚在诸多的品种当中属于糖分很高的，非常美味。为了证实这一点，我们特地邀请有多年种植经验的水果专家利用测糖仪为大家现场测试一下 专家：……

互动形式	时长	互动说明	互动话术
专家分享	20分钟	嘉宾：水果专家； 物料：测糖仪器	主播：香柚除了美味之外，还含有非常丰富的营养，那香柚到底含有哪些对人体有益的营养成分，又对人体有什么好处？接下来我们请专家为大家详细讲解 专家：……
蜜柚饮料的制作展示	5分钟	物料：玻璃杯、冰块（或碎冰）、气泡水	活动引入：其实香柚除了直接吃，还可以有一些创意做法，如做成饮品或者甜品等，接下来给大家介绍一款香柚冰饮的做法，正好适合即将到来的夏日干燥天气（做法讲解）……

任务四：直播后期推广

一次完整的直播营销活动不仅包括直播前的内容策划和直播中的活动实施，还包括直播结束后的二次传播。

（一）二次传播的作用

1. 扩大活动影响力

在直播活动运营过程中，不仅要关注直播当下的传播效果，还要注重二次传播的相关工作。在直播活动结束后，可以将直播的视频、画面和相关数据等保存下来作为素材制作成营销内容进行二次传播；可以提炼直播活动的核心亮点形成热点话题，如"直播助农""文化主播"等，撰写成有价值的新闻报道，吸引其他媒体主动宣传、报道、推广；或者将直播过程素材制作成宣传软文或者短视频等，发布在社交媒体上，实现碎片化传播，达到扩大直播活动影响力的效果。

2. 延长直播生命周期

直播过程具有时效性，即使直播过程中氛围很火爆，各项互动数据表现较好，但是其影响时间毕竟有限。如果能够把主播对商品的讲解片段制作成短视频投放到社交平台上，就能够持续对商品进行介绍和推广，吸引错过直播的粉丝和用户进入店铺，即使在直播结束后也能带来一定的流量和转化。对于邀请头部主播讲解商品的品牌，更是要利用好头部主播对商品的讲解片段，将其投放到社交平台或者商品的详情页中，增加品牌和商品的知名度，维持住头部主播带来的流量福利。

3. 挖掘潜在用户

在信息碎片化时代，用户接收信息的渠道也日益多样化，而直播往往只会单独在一个平台上实施，面向的用户就会相对单一。二次传播，能够对直播过程素材进行再次加工和多平台、多渠道的传播和推广，能够吸引更多其他平台的用户关注直播间的优惠活动和主营商品，从而让其他用户产生进入直播间观看并购买的冲动。

4. 吸引粉丝参与

人人自媒体是新媒体时代的主要特征之一。直播间的粉丝拥有强烈的发声和互动的欲望。粉丝不仅是直播内容、产品的积极参与者，也是直播后期相关信息的阅读者，以及信息的传播者。粉丝通过搜索、浏览社交信息，并在线上线下进行自发的二次传播，既有助于增加黏性，又能够拓宽直播间传播渠道。

（二）二次传播的内容形式

二次传播具有非灌输性、传播范围广、不受条件限制等特征，二次传播的形式也具备多样性、互动性。如其他品类的直播一样，一场农产品直播结束后，同样要通过制定推广计划，确定传播形式，再选择传播平台进行推广。常见的二次传播的内容形式包括视频、软文和表情包等，不同的二次传播的内容形式适用的媒体类型如表4-4所示。

◉ 表4-4 不同的二次传播的内容形式适用的媒体类型

传播形式	适用媒体类型／时间节点	媒体示例
视频	社交媒体、视频平台	微博、微信公众号、抖音、腾讯视频、bilibili 弹幕网、优酷等
软文	问答平台、论坛	知乎、百度贴吧、豆瓣等
表情包	直播后第三天	微博、微信公众号、微信群、QQ 群等

当完成以上的工作后，直播运营团队还需要进一步明确后期传播工作的传播目标、受众、投放间、具体形式、投放平台和传播内容。

以湖南江永香柚为例，具体的直播后期推广计划示例如表4-5所示。

● 表 4-5　以湖南江永香柚为例的直播后期推广计划示例

时间	形式	平台	内容	受众	目的
直播结束当天	视频	抖音	主播搞笑片段集锦	错过直播的年轻观众	引导用户分享，进行二次传播
直播后第二天	视频	抖音	商品口播视频	有水果购买需求的一般用户	提升江永香柚的知名度
直播后第三天	软文	知乎	江永香柚的营养成分讲解软文	注重养生的人群	增加用户对江永香柚的了解，将其引流到直播平台
直播后第四天	图文	微信公众号	江永香柚创意做法演示	已经购买商品的用户	激起复购欲望

对直播电商来说，粉丝是运营的基础。运营团队需要将粉丝按照一定的标准进行划分，将具有相同标签、类似消费行为特征的粉丝引导进入同一个粉丝群。再根据粉丝画像，制定粉丝运营计划，完成推广内容。在做粉丝运营时，可以从互动和内容入手。

1. 互动

在直播中，主播和粉丝进行互动是为了增加流量并沉淀为私域流量、不断提升粉丝黏性和粉丝忠诚度。在互动中，主播将粉丝引导至自己的私域流量池当中，在私域流量池中，主播依然要和粉丝进行互动。如直播中，可以在直播间中发起送红包、抽奖等粉丝活动，增强粉丝的参与感，降低流失率。在直播后的私域流量池中，主播可以发起有意思的话题来引起粉丝的共鸣，或者举办不定期的线上线下活动，形成自己的活动特色，为直播间推广赋能。

2. 内容

吸引粉丝的前提是直播要能够持续性地输出对粉丝有价值且优质的内容。在直播中，粉丝被吸引的点可能是主播本身，也可能是内容，但保证粉丝继续停留在直播间的动力是优质的内容。湖南江永香柚的二次传播推广计划、福利分享群社群运营和直播粉丝社群运营的示例分别如表 4-6、表 4-7 和表 4-8 所示。

● 表4-6　以湖南江永香柚为例的二次传播推广计划示例

序号	名称	标签1	标签2	标签3	标签4	标签5
粉丝①群	江永香柚福利分享群	家庭主妇	高频、小量	重价格	高互动	高复购率
粉丝②群	江永香柚企业服务群	企业福利	低频、大量	重包装	低互动	重物流
粉丝③群	江永香柚精品用户群	独居白领	高频、小量	重品质	低互动	重服务

划分依据：根据用户购买频率、购买量、互动频率、购买用途划分

● 表4-7　以湖南江永香柚为例的福利分享群社群运营计划示例

时间	星期一	星期二	星期三	星期四	星期五	星期六	星期日
第一周	活动：时段：关键词：	活动：抽奖时段：21：00—21：10 关键词：随机红包	活动：时段：关键词：	活动：晒单有礼 时段：20：00—21：00 关键词：开箱展示	活动：时段：关键词：	活动：时段：关键词：	活动：周末问候 时段：8：00—8：10 关键词：江永香柚营养价值分享
第二周	活动：时段：关键词：	活动：时段：关键词：	活动：抽奖时段：21：00—21：10 关键词：随机红包	活动：时段：关键词：	活动：团购特惠 时段：20：00—21：10 关键词：接龙	活动：互动话题 时段：10：00—12：10 关键词：创意吃法	活动：时段：关键词：
第三周	活动：互动话题 时段：20：00—21：00 关键词：接龙	活动：时段：关键词：	活动：时段：关键词：	活动：上新优惠 时段：19：00—21：10 关键词：9折	活动：时段：关键词：	活动：周末问候 时段：8：00—8：10 关键词：香柚营养价值分享	活动：时段：关键词：

时间	星期一	星期二	星期三	星期四	星期五	星期六	星期日
第四周	活动：抽奖时段：21：00—21：10 关键词：随机红包	活动：时段：关键词：	活动：团购特惠时段：20：00—21：00 关键词：接龙	活动：时段：关键词：	活动：时段：关键词：	活动：时段：关键词：	活动：互动话题时段：15：00—16：00 关键词：最爱的江永香柚吃法

⦿ 表4-8 以湖南江永香柚为例的直播粉丝社群运营示例

活动1	活动2	活动3
活动：抽奖 时段：21：00—21：10 关键词：随机红包	活动：周末问候 时段：8：00—8：10 关键词：香柚营养价值分享	活动：互动话题 时段：15：00—16：00 关键词：最爱的江永香柚吃法
大家好，各位粉丝都在吗？我们要开始今天的抽奖了。一会儿21点我会发一个红包，大家快点儿领取，领取到的粉丝不但可以有红包收，我们还会免费送上两斤香味江永香柚，大家不要错过呀	各位粉丝，早上好呀！经过一周的工作，终于迎来了幸福的周末。美好的周末怎么能少得了美味的江永香柚呢？江永香柚有丰富的维生素，能温脾养胃，让您为接下来的一周做好准备	江永香柚的美味吃法，大家都知道哪些？是冷藏后当成冰激凌吃，或者将江永香柚做成小甜点——江永香柚冰吃，又或是江永香柚酸奶冻……各位粉丝还有什么隐藏吃法，快来分享吧

二、提升直播互动效果，促进粉丝转化

在直播营销中，主播的能力提升是至关重要的。一个优秀的主播不仅需要具备丰富的产品知识、良好的表达能力，以及一系列互动技巧等基础技能，还需要具备引导购买、情感营销、数据分析等高级技能，并且持续学习和提高自己，以提升直播的互动效果并促进粉丝的转化。

（一）基础技能

1. 产品知识

为了获取并巩固产品知识，主播可以采取多种途径。首先，阅读产品手册是一个直接且有效的方式，手册通常包含了产品的详细规格、功能特点、使用方法等信息。其次，参加产品培训会议也是很有帮助的，培训会议通常由产品经理或供应商主持，会详细介绍产品的优势和卖点，以及市场定位和目标受众等信息。此外，与产品经理或供应商保持沟通也是获取一手产品资料的重要途径。

除了以上方式，实际操作和体验产品也是非常重要的环节。通过亲身使用产品，主播可以更真实地传达产品的使用感受和优点，增加观众的信任感。例如，如果主播销售的是一款化妆品，那么他（她）可以尝试使用该产品，并在直播中分享自己的使用心得和效果，这样观众就能更直观地了解产品的效果和质量。

2. 表达能力

为了提升自己的表达能力，主播可以进行有针对性的训练。例如，通过练习朗读可以提高语音语调和语速的掌控能力；通过演讲练习可以培养自信和气场；通过讲故事可以锻炼叙述能力和情感表达能力。此外，观看优秀主播的直播并学习他们的表达技巧也是很有帮助的。主播可以观察他们的语言风格、肢体动作和面部表情等细节，并尝试在自己的直播中加以运用。

在直播前，主播还可以提前准备脚本和话术以确保直播中的表达更加流畅和自然。脚本可以包括开场白、产品介绍、互动环节和结束语等内容；话术则可以是一些常用的表述方式和回应观众问题的模板。通过提前准备和反复练习，主播可以在直播中更加自信、流畅地表达自己的思想和情感。

3. 互动技巧

为了提升自己的互动能力，主播可以学习并掌握各种互动技巧。例如，提问是一种常用的互动方式，主播可以在直播中向观众提出问题并引导他们参与讨论；回应弹幕则是另一种重要的互动方式，主播可以及时回应观众的弹幕评论并给予肯定或解答；点赞和感谢也是表达关注和认可的有效方式；设置话题和讨论区则可以引导观众围绕特定主题展开讨论和交流。

在直播中，主播应积极鼓励观众发表意见和提问，并及时给予回应和关注。这样可以激发观众的参与热情并提升他们的忠诚度。同时，主播可以通过设置互动游戏、抽奖等活动来增加直播的趣味性和互动性。通过不断地实践和总结，主播可以逐渐提升自己的互动能力并建立起与观众之间的良好关系。

（二）高级技能

1. 引导购买

为了掌握引导购买的技巧，主播首先需要深入了解产品的优惠信息和促销策略。例如，主播可以了解产品的限时折扣、满减优惠、赠品等促销方式，并在直播中适时地介绍给观众。通过强调产品的优惠信息和购买的紧迫性，主播可以激发观众的购买欲望并促使他们尽快下单。

此外，主播还需要熟悉购买流程和操作方法，以便在直播中向观众演示。主播可以展示如何添加商品到购物车、如何填写收货地址和支付方式等步骤，确保观众能够顺利地完成购买过程。为了方便观众购买，主播还可以设置专属的购买链接或优惠码，提供便捷的购买渠道和额外的优惠。

在直播过程中，主播应适时地插入购买引导，结合产品介绍和观众互动，让观众了解产品的价值并产生购买的冲动。例如，在介绍完一个产品的特点和优势后，主播可以紧接着说："现在正是购买的好时机，点击屏幕下方的链接就可以立即下单了！"通过这样的引导，主播可以有效地将观众的注意力转化为购买力。

2. 情感营销

主播可以通过分享个人故事、经历或情感观点来实施情感营销。例如，主播可以讲述自己与产品的亲身经历或感人故事，表达自己对产品的喜爱和信任。通过真诚的情感表达，主播可以引发观众的共鸣和认同，让他们更容易接受并信任所推荐的产品。

此外，主播还应关注观众的情感需求，为他们提供情感上的支持和关怀。在直播中，主播可以积极回应观众的问题和反馈，表达对他们的关心和关注。例如，当观众分享自己的使用心得或遇到困难时，主播可以给予积极的回应和解决方案，让观众感受到被重视和关怀。通过这样的互动和支持，主播可以与观众建立起深厚的情感联系，提高他们对产品的忠诚度和购买意愿。

3. 数据分析

首先，主播需要学习并掌握基本的数据分析技能。这包括了解如何使用数据分析工具、如何解读数据图表，以及如何从大量数据中提取有用的信息。通过这些技能的学习和实践，主播可以更加熟练地运用数据分析来指导自己的直播营销工作。

其次，在直播后，主播应及时收集并整理直播数据和观众反馈。这包括观看人数、观众留存率、转化率、弹幕评论等各方面的数据。通过对这些数据的分析，主播可以了解观众的喜好、需求和购买行为等信息，为下一场直播的内容和策略调整提供依据。

最后，主播还需要根据数据分析结果来优化自己的直播策略和内容。例如，如果发现某一类产品的销售额一直不佳，主播可以深入分析原因并调整产品介绍方式或价格策略；如果发现观众对某一环节的互动特别感兴趣，主播可以在后续的直播中加强这一环节的互动设计。通过不断优化和调整，主播可以逐渐提高观众的满意度和转化率，实现更好的营销效果。

（三）持续学习与提升

在直播营销领域，持续学习与提升是主播保持竞争力和吸引力的关键。随着市场的不断变化和用户需求的不断演进，主播必须始终保持敏锐的洞察力和前瞻性思维，及时调整自己的直播策略和内容，以满足观众的需求并赢得他们的喜爱。

1. 关注行业动态

关注行业动态是主播持续学习的基础。通过定期阅读行业资讯、报告和参加相关研讨会等方式，主播可以了解直播营销领域的最新趋势、技术发展、市场变化以及竞争对手的动态。这些信息有助于主播洞察市场的变化，把握观众的需求和偏好，从而调整自己的直播内容和策略，保持领先地位。

例如，当市场上出现新的直播技术或互动形式时，主播可以及时学习和应用这些新技术和形式，提升自己的直播效果和观众体验。当市场竞争格局发生变化时，主播可以调整自己的定位和目标受众，以差异化的策略吸引更多观众。

2. 学习新技能

在直播营销中，掌握新技能对于主播的成长至关重要。随着技术的不断发展和观众需求的多样化，主播需要不断学习新的营销手段、互动技巧、语言表达方式等，以提高自己的专业水平和综合能力。

主播可以通过多种途径学习新技能，如参加专业培训课程、阅读相关书籍和文章、观看优秀主播的直播并学习他们的技巧等。此外，主播还可以积极参与行业内的交流活动，与同行和专家进行面对面的交流和分享，获取更多的灵感和经验。

通过学习新技能，主播可以不断提升自己的直播质量和观众满意度。例如，掌握更多的互动技巧可以让主播与观众建立更紧密的联系；学习新的营销手段可以帮助主播更好地推广自己的直播内容和产品；提升语言表达能力则可以让主播更清晰、准确地传达信息，引发观众的兴趣和共鸣。

3. 交流与分享

交流与分享是主播持续学习过程中的重要环节。通过与其他主播交流经验心得、分享成功案例和失败教训，主播可以互相学习、互相启发，共同提高。这种横向的交流有助于主播拓宽视野、获取新的思路和方法。

同时，主播可以通过社交媒体等平台与观众进行互动交流，了解他们的反馈和需求。观众的反馈往往能直接反映直播的优点和不足，为主播提供宝贵的改进建议。通过与观众的互动，主播可以及时调整自己的直播内容和方式，更好地满足观众的需求和期望，一些常用的直播互动话术如表4-9所示。

◉ 表4-9　直播互动话术

类别	互动话术举例	互动说明
欢迎与感谢	"欢迎各位宝宝来到我的直播间，感谢大家的支持与关注！"	此话术用于直播开始时欢迎新观众，并表达感谢
	"哎呀，看到这么多熟悉的面孔，真是太开心了！感谢大家一直以来的陪伴！"	用于对老观众的感谢和认可，增强归属感
	"新进来的宝宝们快打个1，让我看看有多少人哦！"	鼓励新观众参与互动，方便主播了解直播间新观众的大致规模
引导关注与点赞	"喜欢主播的宝宝们记得点下关注哦，这样你们就不会错过我的每一场直播啦！"	引导观众关注主播，增加粉丝量
	"觉得主播今天表现不错的，记得点个赞支持一下哈！"	鼓励观众点赞，提升直播间的热度和排名
	"亲们，点赞到10万我们就来一波大福利，大家觉得怎么样？"	设定点赞目标，激发观众的参与热情，增加互动性

类别	互动话术举例	互动说明
互动游戏与提问	"接下来我们玩个小游戏吧，猜对答案的宝宝有机会获得神秘礼物哦！"	通过游戏增加观众参与度，提升直播趣味性
	"这个问题有点难呢，不过我相信聪明的你们一定能回答出来！快来试试吧！"	提问观众，激发观众的思考和回答欲望
	"看到这么多宝宝都在积极参与，真是太棒了！我们再来一轮！"	鼓励观众继续参与互动，保持直播间热度
产品介绍与推销	"这款产品是我们精心挑选的，无论是品质还是设计都非常出色，相信你一定会喜欢！"	详细介绍产品优点，提升观众购买欲望
	"现在下单还有限量优惠哦，宝宝们抓紧时间啦！"	推出限时优惠，刺激观众购买行为
	"看到这么多宝宝都在询问购买链接，我这就发给你们哈！别忘了点下关注哦，方便下次购买！"	提供购买链接，并再次引导观众关注主播
感谢与道别	"时间过得真快，今天的直播就要结束了。感谢大家的陪伴与支持，我们下次再见！"	直播结束时感谢观众，表达不舍之情
	"看到这么多宝宝都在留言道别，真是太感动了！感谢你们一直以来的支持与鼓励！"	回应观众的留言道别，增强情感联系
	"别忘了关注我们的下次直播预告哦，期待与你们的再次相聚！"	提醒观众关注下次直播预告，保持持续关注

 **素养园地**

主播怎么做到自律

主播在直播带货的过程中，自律是非常重要的，它直接影响到主播的声誉、观众的信任度以及整个行业的健康发展。

（一）遵守法律法规

主播应严格遵守国家法律法规，不得在直播中传播违法违规内容，如淫秽色

项目四
电商法规
与案例分
析

情、暴力恐怖、虚假广告等。主播需要了解并遵循《中华人民共和国广告法》《中华人民共和国消费者权益保护法》等相关法律法规，确保直播内容的合法合规。

（二）保证产品质量

主播在推荐产品时，应严格把关产品质量，确保所售商品符合相关标准和规定。避免与不良商家合作，不推销劣质产品，维护消费者的权益。

（三）避免夸大其词

主播在直播中应真实宣传，如实描述产品的特点、性能、用途等，不夸大其词，不隐瞒产品的缺点和不足。避免使用绝对化、夸大化的言辞，确保宣传内容真实可靠。

（四）维护互动氛围

主播在直播中应尊重观众，友好互动，避免使用侮辱性、攻击性的言辞。对于观众的提问和反馈，应耐心解答，积极处理，维护直播间良好的互动氛围。

（五）提升专业素养

主播应不断学习，提升自己的专业素养和直播技能，持续关注、了解行业动态和消费者需求，提供有价值的内容和服务，提升观众的满意度和信任度。

（六）维持个人形象

主播应注意个人形象的塑造和维护，保持积极向上的态度，传递正能量。避免在直播中展示不良习惯或行为，树立良好的行业榜样。

（七）接受社会监督

主播应接受社会的监督和批评，对于出现的问题和不足，应积极改进，不断提升自己的自律意识和能力。

总之，主播在直播带货过程中应自觉遵守法律法规，保证产品质量，真实宣传，尊重观众，提升专业素养，建立良好的个人形象，并接受社会监督。通过这些自律行为，主播可以更好地赢得观众的信任和支持，推动直播带货行业的健康发展。

 项目习题

一、单项选择题

1. 在进行产品选品时，（　　）不是主要考虑的因素。

A. 产品质量　　　　　　　　　　　B. 价格竞争力

C. 个人喜好　　　　　　　　　　　D. 市场需求

2. （　　　）可以帮助了解目标市场的消费者需求。

A. 随意猜测　　　　　　　　　　　B. 深入市场调研

C. 跟随竞争对手　　　　　　　　　D. 只看产品销量

3. （　　　）适合自己有产品、有供应链的主播。

A. 联营品牌　　　　　　　　　　　B. 知名品牌

C. 自营品牌　　　　　　　　　　　D. 无品牌

4. 美食账号一般经营美食的（　　　）商品。

A. 横向　　　　　　　　　　　　　B. 垂直类

C. 多形式　　　　　　　　　　　　D. 畅销

5. 单品解说脚本的一个要素是针对（　　　）的脚本。

A. 所有商品　　　　　　　　　　　B. 产品组合

C. 同一场次产品系列　　　　　　　D. 单个商品

二、多项选择题

1. 根据运营需要准备（　　　　　）。

A. 引流款　　　　　　　　　　　　B. 利润款

C. 福利款　　　　　　　　　　　　D. 喜爱款

E. 礼物款

2. 直播选品的原则包括（　　　　　）。

A. 耐销品　　　　　　　　　　　　B. 市场渗透率高

C. 有价格优势　　　　　　　　　　D. 好演示

E. 使用体验好

3. 直播电商营销中，（　　　　　）有助于提高用户转化率。

A. 优质的主播表现　　　　　　　　B. 精准的商品推荐

C. 丰富的互动环节　　　　　　　　D. 优惠的价格策略

E. 快速的物流配送

4. 直播的形式非常多，包含（　　　　　）。

A. 网红直播　　　　　　　　　　　B. 达人直播

C. 户外直播   D. 工厂直播

E. 明星直播

5. 直播电商营销中，（   ）有助于提升品牌知名度。

A. 与知名主播合作   B. 举办品牌专属活动

C. 在社交媒体上进行宣传   D. 优化搜索引擎排名

E. 降低商品价格以吸引消费者

三、判断题

1. 福利款就是直播间最便宜的款式。   （   ）

2. "内容为王"只适用于短视频内容，不适用于直播。   （   ）

3. 在直播电商中，主播必须严格按照事先约定的时间、内容和方式进行直播。

       （   ）

4. 直播电商中的抽奖活动必须公开透明，确保公平公正。   （   ）

5. 直播电商营销中，主播可以随意泄露消费者的个人信息。   （   ）

四、案例分析题

【案例背景】

近年来，"双11"已经成为消费者心目中的购物狂欢节。2023年11月10日，抖音与美的洗碗机的直播合作，策划了一场从8：00到20：00共12小时的直播秀。结合本项目内容不难发现，这次直播完全基于"整体思路""策划筹备""直播执行""后期传播""效果总结"五大环节进行设计与推进，是一场非常成功的直播营销活动。

请结合学习内容与以上案例背景，试回答以下问题：

如果你最喜欢的明星在直播中试用并推荐某产品，你会去购买吗？为什么？

 **项目实训**

（一）实训目标

（1）够在直播脚本的框架下，抓住用户痛点和商品卖点撰写商品讲解话术。

（2）能够利用多种互动玩法、促销手段提升直播间人气。

（3）能够在直播结束后制定并实施后期推广活动，运营粉丝社群。

（二）实训任务

执行一场具有商业目标的直播营销活动。

（三）实训要求

（1）分组进行：每3~5人一组，选取一名组长。

（2）实训形式：小组分工协作，按照前面策划的直播活动脚本，撰写直播话术，开展一场内容完整、效果良好的直播活动，并在直播活动结束后，制定对应的二次传播计划与内容，运营粉丝社群。具体背景如下文所示。

（3）实训内容：各小组讨论，可从品牌直播与达人直播两个类型中选择一个进行实训。

（四）实训背景

此次直播的目的是为国产品牌代言，为民族品牌发声，为优质商品赋能。请同学们根据课程内容，完成一场120分钟的以"国产品牌来袭"为主题的达人直播活动，并进行直播后期推广。

（五）实训内容

任务一：直播活动实施与话术

1. 直播开场组织

任务描述：根据直播脚本，选择适合直播间的直播风格，然后根据直播品牌与产品情况，完成直播开场部分自我介绍、内容预告以及互动热场话术，并填入表4-10，目标是快速提升直播间的热度，积攒人气，留住直播间流量。

任务步骤：

（1）分析主播以及直播品牌特性，撰写自我介绍部分话术。

（2）在开场时向观众快速展示本场直播的产品以及进行活动预告，撰写内容预告话术。

（3）选择开场时与粉丝互动热场的方式，如提问式开场、讲经历暖场、任务式开场、福利式开场等，并撰写互动热场话术。

⊙ 表 4-10　直播开场话术

开场环节	开场话术
自我介绍	
内容预告	
互动热场	

2. 直播商品讲解

任务描述：根据直播脚本中每个商品的讲解时间与讲解重点，通过需求引导、商品引入、赢得信任以及促成下单4个流程，完成单一直播商品讲解话术的撰写，并填入表 4-11。

任务步骤：

（1）在直播脚本中，选择 2 个直播商品，确认直播讲解时间。

（2）深挖并介绍该商品品牌，撰写品牌介绍话术。

（3）根据商品讲解"四步"营销法，从需求引导、商品引入、赢得信任以及促成下单4个流程，撰写商品卖点话术。

⊙ 表 4-11　直播商品讲解话术

	讲解时间		
	品牌介绍		
商品1	商品卖点	需求引导	
		商品引入	
		赢得信任	
		促成下单	

	讲解时间		
	品牌介绍		
商品2	商品卖点	需求引导	
		商品引入	
		赢得信任	
		促成下单	

3. 直播互动设计

任务描述：根据整场直播脚本，细化设计直播互动活动，并根据互动活动内容，完成互动话术的撰写，填入表4-12，以此引导用户热情地互动，提升直播间的氛围。

任务步骤：

（1）根据整场直播脚本，确定直播互动活动的具体形式以及时长。

（2）完成每一个直播互动活动的互动说明，例如，抽奖门槛、抽奖方式、奖品发放方式等。

（3）按照互动说明，撰写清晰明了的互动话术。

◉ 表4-12　直播互动活动设计

互动形式	时长	互动说明	互动话术

任务二：直播后期推广

1. 后期推广时间规划

任务描述：直播时不能只关注直播现场的传播效果，还要做好直播后期的二次传播。根据直播情况以及特点，对本场直播活动结束后的整个后期推广作出时间规划，并确定各项推广活动的目的，填入表 4-13。

任务步骤：

（1）分析本场直播的情况及特点，根据传播理论确定直播后期推广的整体时间规划。

（2）确定每项后期推广活动的目的，方便后期直播复盘时，进行完成情况的对比与数据分析。

⊙ 表 4-13　直播后期推广时间规划及目的

序号	时间规划	目的

2. 直播后期推广内容设计

任务描述：根据后期推广时间规划，挖掘本场直播活动中的推广亮点。考虑不同受众的特点以及喜好，确定每一项后期推广活动的形式、受众以及分发的主要内容等，并填入表 4-14。

任务步骤：

（1）挖掘本场直播活动中具有传播性的推广亮点，可以是搞笑场景或商品介绍，也可以是下场预告。

（2）根据粉丝画像及粉丝内容偏好，确定后期推广内容的形式及平台，形式可以是图片、文字，也可以是短视频等。

（3）根据不同的受众以及内容承载形式，结合挖掘出的推广亮点，确定推广的具体内容。

⊙ 表 4-14　直播后期推广内容设计

时间	受众	平台	形式	内容

3. 粉丝社群运营分类设计

任务描述：根据粉丝画像，洞察不同类型粉丝的心理，将粉丝信息进行数据转化与统计分析，将粉丝社群运营进行分层分类管理设计，提炼关键要素，区别粉丝的不同价值，从而将粉丝分成不同的识别。设计粉丝标签，方便日后进行社群运营与策划，将粉丝社群运营分类设计填入表4-15。

任务步骤：

（1）根据粉丝画像，确定粉丝分层分类标准。

（2）给分类好的粉丝群确定群名称。

（3）分析每个粉丝群的粉丝画像，根据属性及行为特征，进行标签化描述。

⊙ 表4-15　粉丝社群运营分类设计

序号	名称	标签1	标签2	标签3	标签4
粉丝①群					
粉丝②群					
粉丝③群					
粉丝④群					

划分依据：

4. 直播后期社群运营排期规划

任务描述：粉丝进入主播的私域社群后，运营团队要持续性地为其提供有价值的内容，才会让粉丝黏性提高，以一个月为例，统筹规划粉丝社群的运营内容，并填入表4-16。粉丝社群的运营内容可以是有价值的内容输出，也可以是粉丝互动，或者福利发送等维护粉丝关系的安排。

任务步骤：

（1）以一个月为例，统筹规划粉丝社群的运营内容，尽量做到多样、丰富、有价值。

（2）细化各活动的名称、具体时段以及关键词，方便日后依次执行。

（3）分析该月粉丝社群运营策划的依据。

时间	星期一	星期二	星期三	星期四	星期五	星期六	星期日
第一周	活动： 时段： 关键词：	活动： 时段： 关键词：	活动： 时段： 关键词：	活动： 时段： 关键词：	活动： 时段： 关键词：	活动： 时段： 关键词：	活动： 时段： 关键词：
第二周	活动： 时段： 关键词：	活动： 时段： 关键词：	活动： 时段： 关键词：	活动： 时段： 关键词：	活动： 时段： 关键词：	活动： 时段： 关键词：	活动： 时段： 关键词：
第三周	活动： 时段： 关键词：	活动： 时段： 关键词：	活动： 时段： 关键词：	活动： 时段： 关键词：	活动： 时段： 关键词：	活动： 时段： 关键词：	活动： 时段： 关键词：
第四周	活动： 时段： 关键词：	活动： 时段： 关键词：	活动： 时段： 关键词：	活动： 时段： 关键词：	活动： 时段： 关键词：	活动： 时段： 关键词：	活动： 时段： 关键词：

5. 社群运营触达内容设计与制作

任务描述：触达内容是将主播、产品或服务与用户进行连接的重要载体，所以触达内容一定要能够吸引用户的注意力。任意选取3个活动进行触达内容的设计与制作，并填入表4-17。社群运营触达内容要求与主播人设或产品特点相吻合，形式多样。

任务步骤：

（1）任意选取3个活动进行触达内容的设计。

（2）根据设计内容，选用合适的形式完成触达内容的制作。

⊙ 表4-17 社群运营触达内容设计与制作

活动1	活动2	活动3
活动： 时段： 关键词：	活动： 时段： 关键词：	活动： 时段： 关键词：

6. 成果展示

（1）提交一份商品讲解话术。

（2）提交一份关于直播后期推广活动方案。

（六）实训指导

1. 教师指导

实训过程中，教师为学生提供全程指导和支持，解答学生在实训过程中遇到的问题。

2. 团队协作指导

强调团队协作的重要性，提供团队协作的技巧和建议，帮助学生更好地完成实训任务。

3. 反馈与评估

教师对学生的实训成果进行评估和反馈，提供改进建议和指导，帮助学生提升直播策划和执行能力。同时，鼓励学生进行相互评估和讨论，以便更好地分享经验和提高水平。

项目五

直播电商复盘

【知识目标】

▶ 了解数据分析的基本概念、流程和方法。

▶ 掌握直播电商数据分析的关键指标。

▶ 熟悉数据分析工具及其应用。

【能力目标】

▶ 能够收集、整理和分析直播电商相关数据。

▶ 能够运用数据分析工具，进行数据可视化与解读。

▶ 能够根据数据分析结果，优化直播电商策略和内容。

▶ 能够跟踪行业趋势，为直播电商业务发展提供数据支持。

【素养目标】

▶ 培养数据驱动思维，将数据分析作为决策的重要依据。

▶ 强化细心与耐心，对待数据严谨认真。

▶ 树立持续优化的观念，不断追求更好的业务效果。

▶ 提升团队合作能力，与团队成员共同进行数据分析和业务优化。

案例导入

东方甄选直播间数据解读

（一）账号基础数据

东方甄选 2022 年 6 月走红后，其账号粉丝数持续上涨。34 天涨粉超两千万人，其中 6 月 16 日达最大增量，一天涨粉 423.5 万人。2022 年 6 月 13 日至 7 月 12 日，东方甄选直播观众主要为 31~40 岁的女性，且集中在广东、江浙一带；直播间核心成交类目为食品饮料，价格带集中在 20~300 元。东方甄选紧抓流量红利，其直播间运营模式为平均 2~3 小时更换主播继续带货，并不时伴有弹唱才艺和双语讲解。

（二）货品结构及供应链水平分析

1. 货品结构

东方甄选创立之初定位于农产品筛选与销售的电商平台，从商品结构看，东方甄选售卖农产品难度高于美妆、数码家电等，东方甄选商品"难卖"，但具有高频、复购属性，其直播间核心上架商品品类和销售额最佳品类均为食品饮料。2022 年 6 月 13 日至 7 月 12 日，直播间销售额前十单品中，爱康国宾的中老年单人体检套餐价格最高（单价 1 066 元），卖得最好（销售总额 2 709.7 万元），食品饮料占据六成。而桃子发霉事件暴露出东方甄选品控和供应链漏洞，因此其下一步动作是自建供应链，大力发展其自营产品。

2. 供应链水平

短期内，东方甄选选品严格，持续积累爆品，供应链完善需要一定时间。中期，东方甄选不收坑位费，凭借优质内容出圈为商家引流，未来有望持续吸引更多优质供应商。长期来看东方甄选打造自有品牌，不只是渠道商，更是品牌商。

知识准备

数据分析是通过数据的形式把直播电商各方面情况反映出来，使运营者更加了解直播电商的运营情况，便于调整运营策略。

一、直播电商数据分析的重要性

直播电商是指通过直播平台进行商品展示和销售的一种电商模式。随着互联网技术的发展和用户消费习惯的改变，直播电商在近几年迅速崛起，并成为电商行业的新宠。直播电商的成功离不开数据分析的支持和指导，数据分析在直播电商运营中起着至关重要的作用。

（一）了解用户需求和行为

直播电商平台每天都会产生大量的用户数据，包括用户观看直播的时长、购买商品的数量和金额、用户的地理位置等。通过对这些数据进行分析，可以深入了解用户的需求和行为习惯。例如，通过分析用户购买商品的偏好，可以为直播主播推荐更适合用户的商品，提高销售转化率；通过分析用户观看直播的时长，可以了解用户对不同类型直播的兴趣，从而优化直播内容，提升用户体验。

（二）优化商品推荐和运营策略

直播电商平台上有大量的商品可供用户选择，如何向用户推荐最适合他们的商品是问题的关键。通过数据分析，可以根据用户的购买历史、浏览记录等信息，建立用户画像，从而精准地推荐商品。同时，数据分析可以帮助直播电商平台优化运营策略，比如确定促销活动的时间和地点、调整商品定价等，从而提高销售额和用户满意度。

（三）监控直播效果和用户反馈

直播电商平台上的直播活动需要不断地监控和改进。通过数据分析，可以实时监控直播的观看人数、互动次数、销售情况等指标，及时发现问题并采取措施解决。数据分析还可以分析用户的评论和评分，了解用户对直播的满意度和意见，从而改进直播内容和服务质量。

二、直播数据指标及其含义

直播中主要有四大核心数据指标，分别是人气指标、互动指标、商品指标和交易指标。

（一）人气指标

人气指标包括直播时长、当场的页面浏览量（Page Views，PV）和独立访客数（Unique Visitors，UV）、平均在线人数、人均观看时长、在线人数峰值、新增粉丝数。如图 5-1 所示为某直播间的人气数据。

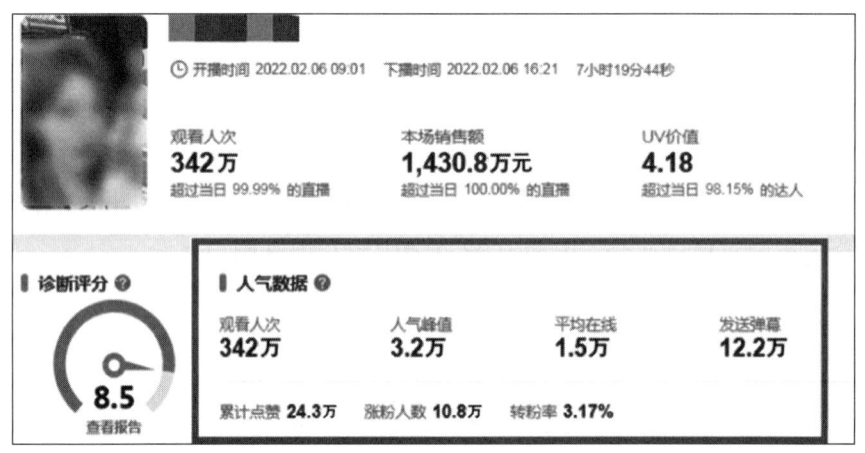

◉ 图 5-1 某直播间的人气数据展示

人气指标中，需要重点关注的是"平均在线人数"和"在线人数峰值"。

1. 平均在线人数

如果把直播间比作品牌的"线上店铺"，那么平均在线人数就是店铺日常客流量的代表，它直接决定了品牌机构是否具有直播带货的变现能力。

一般平均在线人数能够达到 50 人，说明品牌机构初步具备了直播带货的条件。

2. 在线人数峰值

在线人数峰值，一定程度上体现出了机构直播间的人气热度。人数峰值越高，说明直播间的热度越高，如图 5-2 所示。

⊙ **图 5-2 在线人气峰值的展示**

在复盘的过程中，我们要找到这个峰值数据，思考为什么会在这个点出现峰值，它是哪些因素促成的，如果这些因素是积极、良好的，则可以继续保持。

如果看到前几场的峰值跟今天的峰值相差过大，就要思考是哪里出现了问题：是不是直播脚本出现了违规？商品引流款单价是否过高？直播间场景吸引力是不是不够？针对这些问题，品牌商要在复盘中找出应对方案，然后在下一场直播中规避上述问题。

（二）互动指标

直播间人气旺不旺，内容力好不好，这些都可以靠"互动指标"体现出来，它包括点赞率、评论率、增粉率、人均观看时长等数据，累计点赞率数与评论数如图 5-3 所示。

品牌商在复盘时需要重点关注"人均观看时长"和"增粉率"这两项数据。

1. 人均观看时长

人均观看时长能够很好地说明直播内容是否具有吸引力，它涉及主播的留人话术、直播场景的呈现效果、选品组货的能力等。如果直播间人均观看时长能够达到 2 分钟，那么就已经进入优秀级别了。

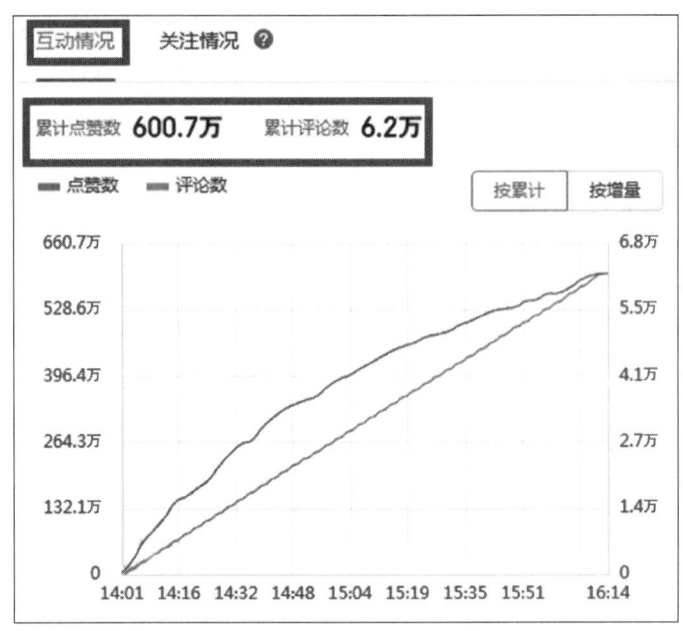

◉ **图 5-3　累计点赞数与评论数的展示**

2. 增粉率

作为互动指标的关键数据之一，增粉率能够直接反映出品牌的拉新能力。直播的增粉率在2%~3%被视为及格，优秀的主播或品牌能够做到5%以上。

增粉率需要纵向对比。在连续几场直播后，品牌直播间的增粉率如果出现较大波动，比如上一场增粉1 500人，今天在同等情况下增粉450人，那么在复盘时，就需要思考是不是没有做好引导用户关注？福利策略是否符合直播节奏？裂变玩法是不是执行到位？这些因素都会直接影响增粉率的提升。

（三）商品指标

商品指标方面，主要是衡量直播间观众对上架商品的是否感兴趣。它具体有3个核心指标，分别是商品展示次数、商品点击次数、点击—成交转化率。

1. 商品展示次数

商品展示次数指商品展示给用户的次数，它可以直观体现商品是否受欢迎，是否符合用户需求。商品展示次数主播讲解、商品标题、封面、价格、详情页等因素都相关。

2. 商品点击次数

商品点击次数是反映用户实际点击商品的次数。如果你的商品展示次数为1 000次，商品点击为10次，那说明主播的引导力和货品的吸引力都存在着一定问题，要考虑优化方案。

还有一种情况会出现这样的问题，那就是品牌账号的粉丝群体与直播间产品的消费群体不匹配，那品牌就需要做好账号的日常运营工作了。

3. 点击—成交转化率

这个数字对品牌机构来讲，应当要保持在10%~20%，就是有100个观众点击了商品链接，然后有10~20名观众进行了下单购买。

（四）交易指标

交易指标，就是带货数据（部分如图5-4所示），最能反映直播间的变现能力，也就是直播间的成交转化。它包括成交人数、商品交易总额（Gross Merchandise Volume，GMV）、实际销售额、转化率、新老用户下单占比、UV价值（即每个进入到店铺的客户产生的价值）、客单价等。

⦿ **图5-4 部分交易指标（带货数据）的展示**

重点关注的数据有成交人数、客单价、转化率、UV价值。

1. 成交人数

成交人数是用来评估品牌直播间的流量价值和潜在客群转化情况，它是影响着直播实际销售额的因素之一。

2. 客单价

客单价反映直播间用户的平均购买商品的金额，购买水平、消费层级、选品策略、产品定价、选品组合都会影响客单价。比如医美行业的客单价在3 000元左右，口腔医院的客单价在 2 000 元左右。

3. 转化率

转化率的衡量指标为下单人数与总场观人数之比，用来评估直播的带货效率，即：

$$转化率 = \frac{下单人数}{总场观人数}$$

一般，行业的平均水平在 1%，优秀的主播能够做到 3%。

4. UV 价值

$$UV\ 价值 = \frac{成交额}{总场观人数}$$

它代表着每个观众对直播间的贡献值，UV 价值越高代表用户的购买能力越强，品牌可以用高利润的产品来深挖粉丝的消费潜力，保证直播间的利润。

表 5-1 是详细的指标列表。

⊙ 表 5-1 直播数据指标列表

指标名称	指标解释
GMV	衡量带货主播带货能力的最重要考核指标
GPM	GPM 为千次观看成交金额，用以衡量直播间的卖货能力，GPM 越高，越能反映主播流量转化能力强。GPM=GMV×1 000/ 每场观看量
ROI	投入产出比（ROI）= 销售额 / 单场投入成本费用 举例：假设单场直播成本为坑位费 1 万元和投放 3 万元，那么说 ROI 保 1∶2，就是说产品销售额保 8 万元。直播间的 ROI 比例越高，盈利空间就越大
UV 价值	UV 价值是每个进入直播间的人带来的成交金额，UV 价值 = 直播交易额 GMV/ 直播场观人数。UV 价值越高，代表单个用户对直播间的价值贡献越高，因此，UV 价值越高，平台也会更愿意给这样的直播间推流。故而，UV 价值对直播团队而言是一个重要指标
客单价	客单价即每个客户带来的成交金额，客单价往往与所售卖商品与直播间观众人群有关定期关注客单价的波动，可以帮助主播了解客户的购买力，从而调整卖货话术、直播选品、带货节奏和商品组合。客单价 =GMV/ 成交人数
直播时间	直播时间是衡量直播质量的一个非常重要的数据
直播间人均在线时长	用户在直播间平均停留的时长，是衡量主播控场能力的重要指标之一。直播间人均在线时长越长，直播间商品转化率就越高。关键影响因素有：主播表现力、控场节奏、憋单话术、定时福利、互动状况等，主要和主播能力有关

指标名称	指标解释
粉丝增长	每场直播增长多少粉丝量是自然免费推流大小的决定因素之一
进入量	计算每场直播有多少人进入直播间。做直播没人进入直播间观看，也就意味着直播间没有流量，直播得再好没人观看也是没用的
直播间平均在线人数（AT）	直播间平均在线人数分为平均在线人数和最高人数峰值，这两个数据直接反映了直播间的留存率，留存的人越多，成交率相对就高，否则相反。直播间平均在线人数体现了直播间的平均人气，是衡量主播某个阶段内人气指标的重要因素。影响直播间平均在线人数的关键因素有：直播间曝光率、点击率、直播间粉丝基数、主播表现力。一般来说，直播间在线人数会随着直播间粉丝数量的积累而逐步增长
点击进入率（CTR）	点击进入率 = 直播间点击数 / 直播间页面展示数 CTR 的关键影响因素有：直播间直播观感、直播间标题文案、主播的表现力话术、所售卖的商品性质
直播间商品转化率（CVR）	直播间商品转化率 = 直播间的成交量 / 浏览量 影响其大小的关键因素有：直播选品、商品组合、商品单价、控场节赛、憋单话术。直播的最终意义是为了促成转化。某种意义上，转化率比点击率更为重要，因为它反映了有多少观众真正有意愿付费购买商品
离开量	离开量大小直接决定留存数量，如果直播间不能留住人，则很难把产品卖出去。离开量越少，说明大家都喜欢待在直播间，这也就意味着停留时长增加了，直播间有机会获得更多的免费流量
曝光量	曝光量指的是直播间曝光给了多少人看，或展示给了多少人看，曝光量越大，意味着进入直播间的观众人数可能就越多
评论量	评论量数据是衡量能获得多少免费自然流量（如在抖音平台）的因素之一，所以主播在这些平台直播的时候一定要多加引导关注互动评论
自然流量占比	自然流量占比决定流量使用效能，如果自然流量占比转化率高，那么自然流量使用效率就高，就可能获得更多直播平台自然流量推荐，如果转化率大多来自付费流量占比，那时候可能自然流量的推荐就会相对降低，因为自然流量的使用效能相对来说比较低
关注占比	通过直播有多少人关注了直播间成为粉丝，也是衡量能够获得多少直播平台自然推流的关键之一

指标名称	指标解释
付费占比	进入直播间的流量分为两种，一种是免费流量，一种是付费流量，不同的流量占比决定直播间主要流量的渠道来源
加团率	加团率指的是观众加入粉丝团的比率，数据也决定自然流量推荐大小
讲述内容	直播间如何留住人，如何让观众互动等等这些都和讲述什么样的内容有关，所以直播内容的设计显得尤为重要
新增粉丝	直播有没有涨粉，新增了多少粉丝等这些数据也决定着直播间流量推送大小
内容反馈	内容好坏可以通过关注和粉丝的反馈来提升优化改进

三、数据分析服务平台与分析方法

（一）直播数据分析服务平台

直播数据分析服务平台是帮助直播电商从业者分析直播数据、监控直播效果的服务供给者。以下是一些常用的直播数据分析工具及其特点。

1. 飞瓜数据

飞瓜数据是一款短视频及直播数据查询、运营及广告投放效果监控的专业工具，提供短视频达人查询等数据服务，并提供多维度的抖音、快手达人榜单排名、电商数据、直播推广等实用功能。图 5-5 展示的是飞瓜数据首页。

◉ 图 5-5　飞瓜数据首页

2. 抖查查

抖查查是北京爱普优邦科技有限公司旗下推出专业的短视频数据分析平台，主要提供达人榜、粉丝总榜、销量榜等信息，支持搜索主播、查看主播排行和对比等功能。图 5-6 展示的是抖查查首页。

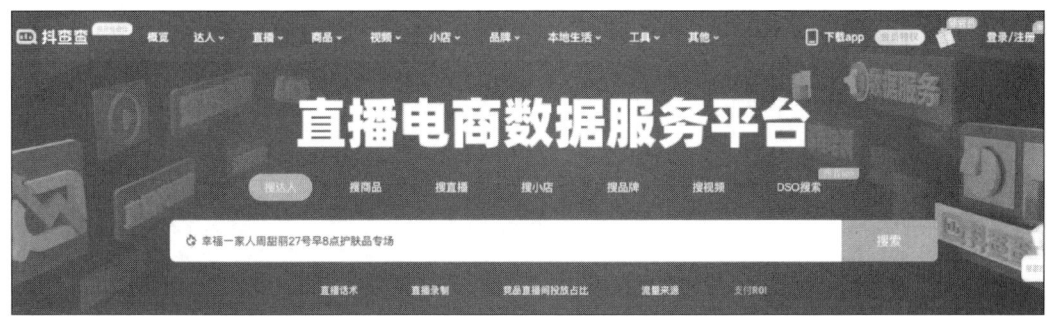

◉ **图 5-6　抖查查首页**

3. 蝉妈妈

蝉妈妈是一个全网短视频电商数据服务网站，专注于抖音短视频电商的数据分析。它提供直播、短视频、爆款商品等数据服务。图 5-7 展示的是蝉妈妈首页。

◉ **图 5-7　蝉妈妈首页**

4. 灰豚数据

灰豚数据作为专业的短视频、直播数据分析平台，为用户提供即时、高效、准确的数据分析服务，致力于帮助用户加速流量变现，实现账号精细化运营，现在已经涵盖抖音、小红书、快手等平台。图 5-8 展示的是灰豚数据首页。

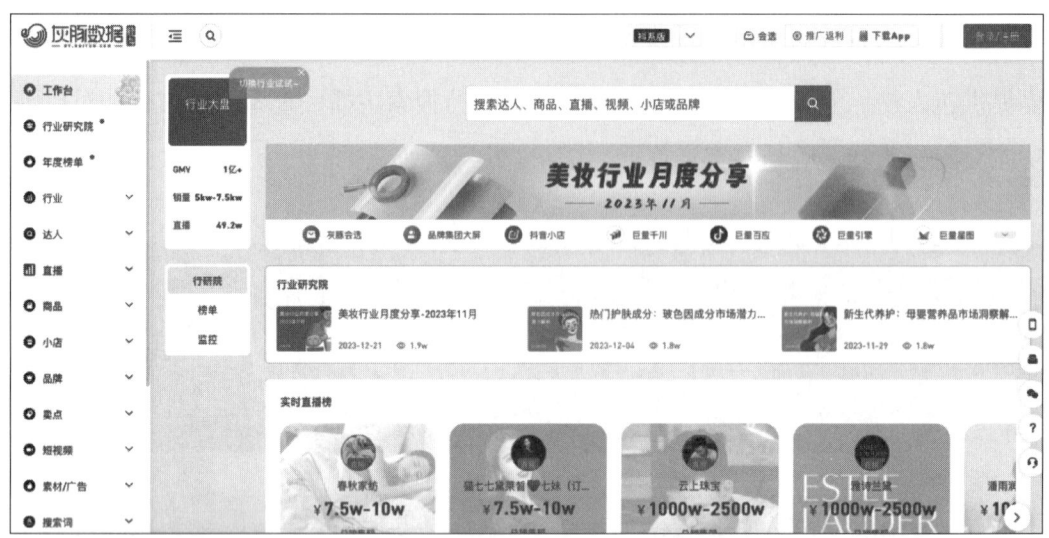

◉ 图5-8 灰豚数据首页

5. 壁虎看看

壁虎看看上线于2019年，是杭州壁虎畅游信息技术有限公司旗下的快手、抖音、小红书短视频等直播电商数据服务网站。依托专业的数据挖掘与分析能力，其构建了多种维度的数据算法模型，针对快手、抖音、小红书生态各种应用场景，为短视频电商入局、增长、变现等各环节提供全方位的数据查询、趋势分析、舆情分析、用户画像、视频监测、数据研究等服务，为内容创作团队、用户运营团队、商品供应团队提供商业评估、数据参考等多维度支持。此外，它为淘宝卖家、生产厂家、代理商、品牌商、广告营销公司提供准确的短视频以及直播卖货一手数据。图5-9展示的是壁虎看看首页。

◉ 图5-9 壁虎看看首页

6. 红人点集

红人点集上线于 2020 年，是以电商直播为基础的数据服务平台，便于电商主播和商家的直播数据分析，提高主播的转化和商家推广效果跟踪。该项目有项目免费版、个人版、团购版和企业版。图 5-10 展示的是红人点集首页。

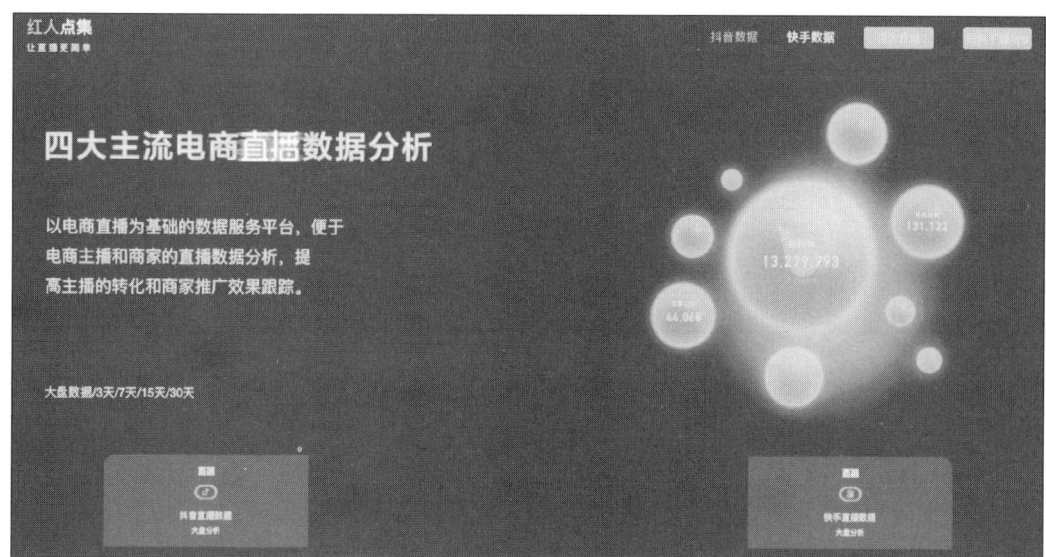

◉ **图 5-10 红人点集首页**

7. 星图数据

星图数据是一家互联网大数据服务公司，成立于 2010 年，并在洛杉矶设立了其大数据科技应用中心——BDTAC。星图数据从事大数据技术的研究与行业数据应用开发工作，范围涉及线上零售、线上娱乐、线上教育等领域，提供抖音数据的直接来源，支持多维度数据分析，提供电商带货等专业的数据分析。图 5-11 展示的是星图数据首页。

除了上面介绍的这些数据工具，还有千牛、收视云、米读、企企通、达人通等大量数据分析的工具可以使用。

（二）直播数据分析的方法

通过直播平台展示商品实时情况、与观众互动、推销礼品，直播带货能有效提升商品销售额。然而，要顺利开展直播带货业务，充分利用数据分析方法至关重要。下面介绍六种数据分析方法，以帮助直播带货从业者更好地发展业务。

◉ **图 5-11 星图数据首页**

1. 用户画像数据分析法

用户画像数据分析法帮助直播从业者了解直播带货的目标客户。通过分析用户的年龄、性别、地域、兴趣爱好等信息，建立用户画像，以便更准确地确定直播内容、选择适合的产品和制定精准的营销策略。数据分析工具可以帮助直播带货人员获取用户画像数据，如 Power BI、Python 等。

2. 产品分析数据法

通过产品分析数据法，直播从业者可以了解不同产品的销售表现。通过统计销售数据、用户评价、转化率等指标，可以找到哪些产品具有较高的销售潜力，从而做出更明智的产品选择。同时，产品分析数据也能帮助了解产品的受众群体和产品特点，以便做出更有针对性的直播推销策略。

3. 直播数据分析法

直播数据分析法是直播带货中最为重要的一项数据分析方法。通过统计直播时段、直播观看人数、观众互动等数据指标，直播从业者可以了解直播的受众喜好、观众参与度等信息。这些数据有助于判断直播效果，并及时调整直播节目内容和推销策略，提高直播带货的销售效果。

4. 社交媒体数据分析法

社交媒体数据分析法是了解直播带货推广效果的重要手段。通过统计社交媒体平台的粉丝增长情况、转发评论数量、观看链接点击率等指标，直播从业者可以判断观众对直播带货内容的关注度以及推广效果。这些数据可以帮助直播从业者评估直播带货的影响力，并优化社交媒体推广策略。

5. 竞品分析数据法

竞品分析数据法帮助直播从业者了解竞争对手的情报信息，以便更好地应对市场竞争。通过分析竞品的直播效果、观众参与度、销售情况等数据，可以了解竞品的优势和不足，从而制定更有竞争力的推销策略。

6. 用户行为数据分析法

用户行为数据分析法帮助直播从业者了解观众的消费行为和购买偏好。通过统计用户点击商品链接、浏览时间、购买频率等指标，可以得出用户的购买习惯和偏好，从而做出更有针对性的推销策略，提高销售转化率。

（三）直播电商复盘及改进

想要提高直播电商的转化率，最有效的方法就是进行直播复盘，而且是每一场直播都要进行复盘。直播数据是直播的最真实情况的反映，需要关注的数据点有很多，商家需要从中挑出几个能反应整场甚至整月直播概况的数据源，来进行复盘分析。

1. 流量指标的复盘及改进

流量指标复盘结果不佳的原因通常有两个：在线人数少和在线人数不稳定。

（1）在线人数少。首先是在线人数和人气峰值少，直播间长期停留在100人以内的在线人数，可以判定为在线人数少，数量太少根本就没有变现盈利的可能。随着在线人数的提高，引流策略可以通过平台工具进行操作，但更主要的是受留存策略的影响。

可以考虑如下改进策略：

① 利用福利秒杀活动增加用户停留时长。当直播间热度有所下降的时候，主播可以开始福利秒杀活动，向用户强调本场直播的优惠点和商品范围，并提示5分钟后上架，增加用户停留时长。

通过放出一些优惠福利预告，比如：高峰期抽免单、满多少金额送礼或满多少单送礼，一方面可以活跃气氛，另一方面让观众期待品牌的优惠活动，留在直播间看直播，有利于提高订单成交率。可以通过"流量来源分布"查看实时在线、进场人数，判断流量留存情况，及时利用爆款、引力款留住用户，提升直播间人气。

② 利用"万能福袋"提升人气。福袋可以在短时间内快速提升在线人数和互动，每次发放福袋，都会引起一个流量高峰。那怎么发效果才会好呢？首先要用户必须加入粉丝团才能参与福袋活动，其次通过发送口令给直播间造成刷屏效果。

通过"福袋"功能，可以查看到福袋方法前后直播间的流量变化，对比不同福袋内容在提升直播间人气的效果进行分析，优化福袋发放的时间策略。

③ 增强粉丝互动。当直播间在线人数较少的时，可以结合【关键评论】功能，通过"观众点菜"的方式，提高用户的互动和停留，还可能促进购买。

比如直播间里，酸辣粉和螺蛳粉是评论中出现的高频次商品，那主播就可以着重讲解这两个观众感兴趣、有下单意向的商品，可以取得较好的互动效果。

④ 利用憋单拉长观众停留时长。憋单是利用热点商品拉高观众停留时长，一方面让主播有时间讲解商品且刺激下单；另一方面，停留时长提高后对直播间的权重提升也有帮助。

（2）在线人数不稳定。直播间的在线人数中老用户的比例是在线人数稳定的保障，因此要确保老用户能持续地回来看直播，增加用户的停留时长。如图 5-12 是直播 A 和直播 B 在线流量的展示，从中可以看到直播 A 的在线人数是不稳定的。

可以考虑如下改进策略：

① 固定开播时间，让老用户养成观看习惯。

② 强化直播预告，提高观看直播的新用户转化成老用户的概率。

③ 进行社群运营，运营人员通过私信的方式，组建粉丝社群，方便老用户。

（3）在线人数、进场人数对比。通过直播间的在线人数和进场人数两组数据的对比，及时掌握直播间的观众流失情况，快速调整直播策略。从直播在线人数和进场人数分析图（如图 5-13 所示）中可以看到，在 9：32—9：48、10：02—10：56、11：14—11：44 这几个时间段，本场直播的在线人数是多于进场人数的，说明这几个时间段直播间的用户留存做得很好，但是在整场直播的大部分时间，进场人数都是多于在线人数的，说明直播间用户整体流失，需要及时复盘总结，优化直播策略。

可以考虑如下改进策略：

① 增加互动性在线互动可以提高与观众的黏度，提升观看时间。

② 通过抽奖或者是送礼等形式，延长在线观看，这样稳定观看人数，防止观众下线或者转向。

③ 设置分数等级，提升粉丝忠诚度。

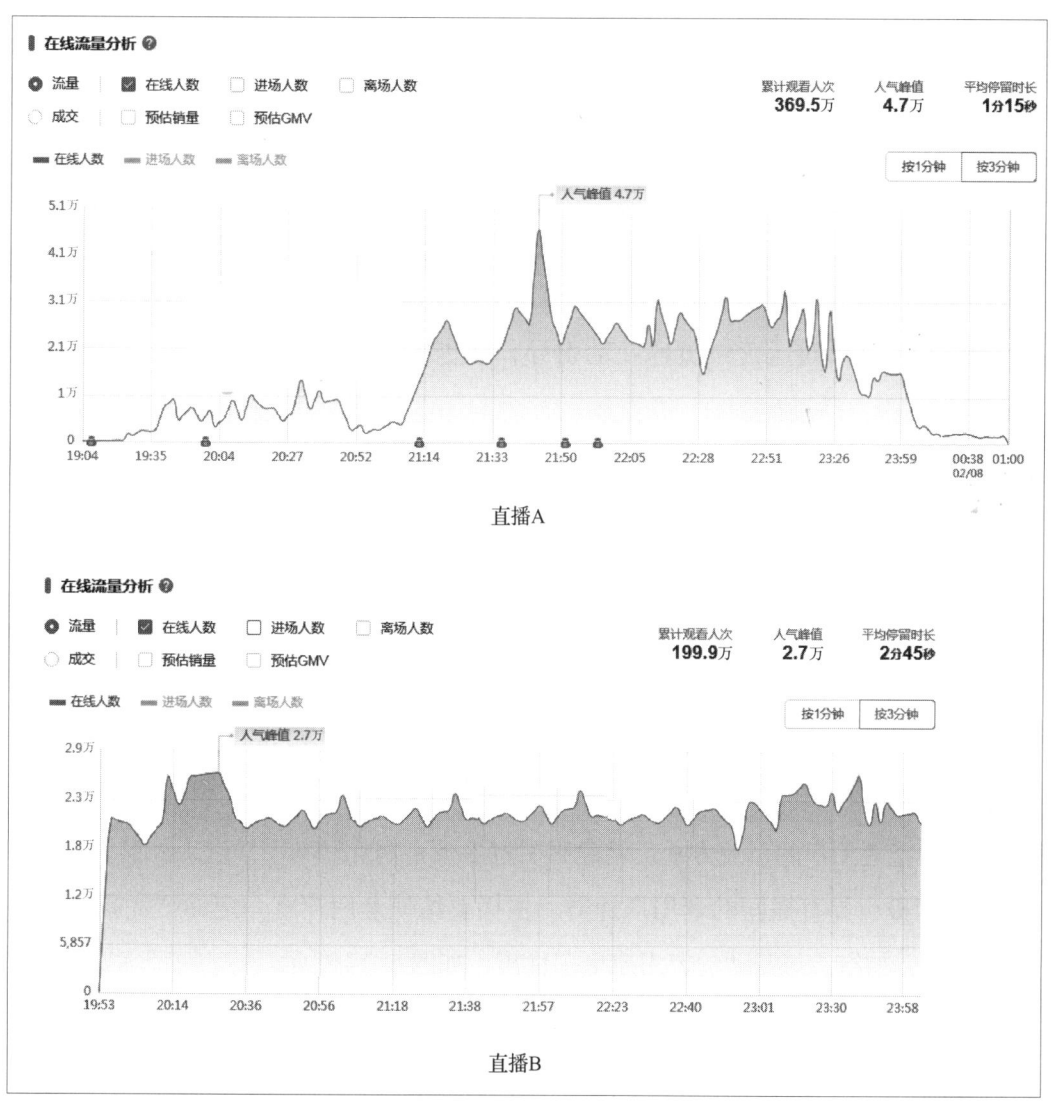

图 5-12　直播 A 和直播 B 在线流量分析

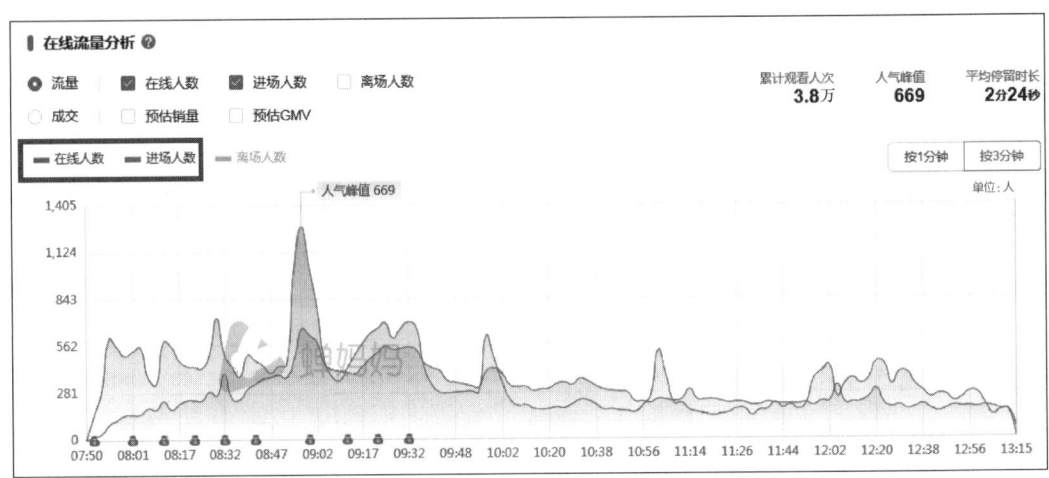

图 5-13　直播在线人数和进场人数分析

2. 互动指标的复盘及改进

（1）新用户互动量低。直播间的新用户在进入直播间后，没有退出直播间，但是也没有参与评论互动，意味着新用户互动量低。可以考虑如下改进策略：

① 强化直播间运营人员的互动引导，让进入直播间的新用户可以快速参与互动。

② 调整参与互动的方法，避免新用户不知道如何参与互动。

③ 通过连麦有效地与用户产生互动。

④ 利用福袋互动提升直播间的人气和最终转化率。

（2）老用户互动量低。老用户互动量低是指直播间的老用户回来观看后，大多没有参与如评论、点赞等互动。可以考虑如下改进策略：

① 尽可能多地收集老用户的反馈信息，可以通过直播时的评论、私信及客服收集问题等渠道。

② 调整老用户的引流方式，避免吸引过多不喜欢互动的用户进入社群。

③ 积极引导直播间的老用户加群。主播要给使老用户有一定的"优越感"与"存在感"，如给参与互动的老用户更多优惠，如图 5-14 所示。

3. 转化指标的复盘及改进

转化率是考察主播带货能力的重要因素，如图 5-15 是直播商品转化趋势图，直播间可以根据趋势图进行策略制定和调整。转化率直接反应选品是否正确，如果

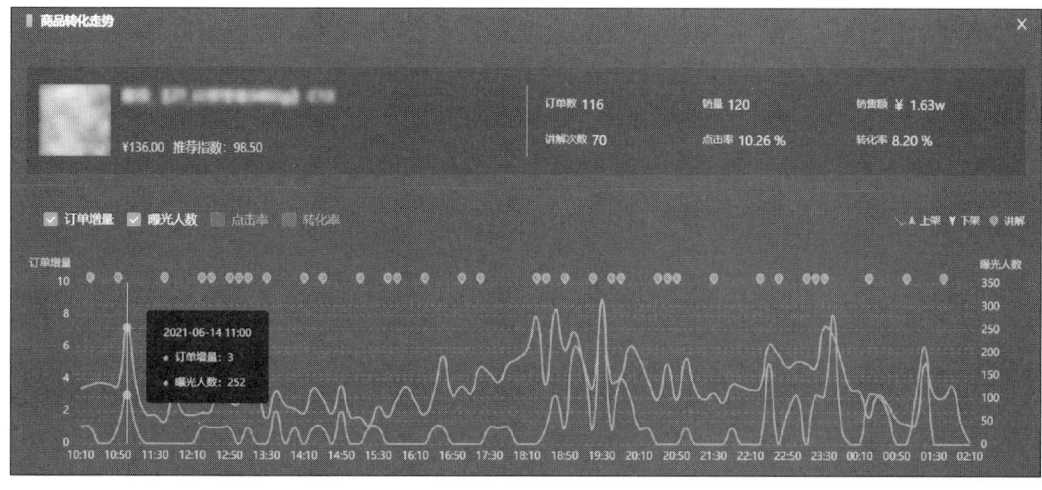

◉ 图 5-14　积极引导直播间老用户加群的展示

◉ 图 5-15　直播商品转化趋势图

直播电商转化率持续走低，且持续保持在 1% 以内，意味着选品和直播间的用户匹配度不高，需要进行调整。可以考虑如下改进策略：

① 商品调整。调整上架商品，适当上架引流款商品，让用户能够在直播间有获得感。

② 价格调整。重新分析是否已经做好价格保护，或调整商品组合策略，进行差异化定价。

③ 转化策略调整。在活动策划上要强化互动的元素，不要让用户在直播间只"看戏"。

④ 商品的类目匹配。商品的性价比、价格要与目标人群相匹配再开展直播带货。

▶ 知识拓展

相关调查显示，某些直播间的退货率高达 30% 以上，而线下门店的退货率通常不会超过 3%。那么，是什么导致如此之高的退货率？冲动购物、商家的虚假和夸大宣传、尺码不对、商品质量问题、发错货、价差问题等都是造成退货的原因。

在直播电商行业中，用户大多是出于信任主播和购物冲动来购买直播商品的，而想要赢得用户长期的信任，主播必须对自己所宣传的商品负责。用户下单后，主播和商家不仅要保证及时发货、配送，还要保证商品质量。购买直播商品的用户大都是主播的粉丝，一旦商品出现质量问题，主播和商家口碑下降，粉丝就很容易流失，从而会导致销量下滑。

2019 年 11 月 1 日国家广播电视总局发布通知，明确要求"双 11"期间，必须加强规范网络视听电子商务直播节目，要求用语文明、规范，不得夸大其词，不得欺诈和误导消费者，电商直播中的广告宣传也要坚持正确导向，切实增强政治意识、导向意识、责任意识和法律意识。

直播电商不是法外之地，主播和商家只要销售商品（服务）就必须保证所销售商品（服务）的质量，并遵守相应的法律法规。主播应珍惜粉丝的信任，努力为粉丝带来质优价廉的商品，而不是滥用粉丝的信任，甚至欺骗粉丝。

技能训练

在本项目中，要进行一场有效的直播带货数据复盘。

一般来说，基本的直播带货数据复盘可以分为四个步骤：直播回顾、数据分析、直播间优化、粉丝需求反馈。

一、直播回顾

下播之后回顾流程。首先梳理出本场直播的优点和犯错点，比如直播过程中哪里做得好，哪里犯错了，哪里在互动时有问题，或者粉丝提到的问题是否存在，商品上架是否存在问题等。

二、数据分析

直播间内所有的行为都会产生数据，复盘重点要回顾的数据包括用户停留时长、在线人数、销售额、成交单数与转化率等指标，如图5-16所示。对直播来说，有一个很好的复盘方式就是观察同行，通过分析同行的数据表现，结合自己的需求预期设置直播目标。

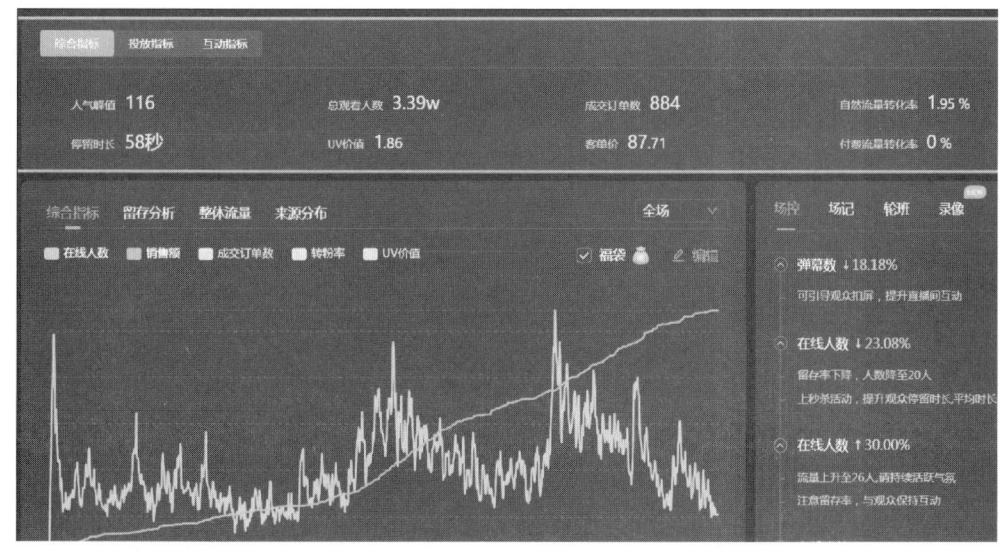

● **图5-16 某直播间综合指标数据展示**

三、直播间优化

找出问题之后，接下来要做的就是直播间的优化。直播间优化可以从以下两个方向去改进：一是适当上架引流款商品、抢购款商品，吸引更多用户购买。二是注意商品的类目要与目标人群匹配，价格也要与目标人群相匹配。

四、粉丝需求反馈

根据直播时的用户评论、用户私信及客服收集的粉丝问题等，收集用户需求反馈信息，根据用户反馈不断做好优化。

 素养园地

直播数据造假危害大

项目五 电商法规与案例分析

随着直播带货在我国火爆程度不断上升，1秒卖光的销售速度，动辄破亿元的销量榜单，让人恍惚有了"只要直播就没有卖不出去的货"的错觉。然而，最近接连有直播平台出现倒闭或被媒体曝光直播带货数据造假的现象。

直播带货本应是通过主播个人信用、影响力背书，从品牌商那里拿到低价商品，卖给粉丝。最后主播赚到钱，品牌商卖出了货，粉丝买到物美价廉的商品，实现共赢。但一些直播平台数据造假横行，假观看量、假粉丝数、假销售额，让直播带货被扭曲成了坑人的套路。目前，不少基层政府和相关机构也热衷委托网红直播带货，对此从业人员一定要谨慎而为，避免陷入数据造假陷阱。

目前看来，直播数据造假带来的社会危害相当之大：① 破坏了整个直播生态，有可能会扼杀这个新兴产业；② 造成了直播带货虚假繁荣，坑害商家和消费者权益；③ 会诱导整个直播行业误入歧途，无法使其运行在健康可持续轨道上。

直播带货，说到底是市场竞争，是产品的质量和服务水平的竞争。"爆款"背后的巨大流量，是消费者对产品的最大认可。若一味只想通过数据造假来打造"爆

款"却不注重质量，和消费者搞"一锤子买卖"，最终只会透支消费者对直播带货的信任度，破坏整个直播带货的生态。虚构出来的红火，禁不起风吹雨打，虚假流量会把直播带到沟里。最可怕的是，行业自身被虚假流量绑架，陷入其中不能自拔。

由此，当务之急是不能让直播带货处于野蛮无序状态，应及时建立全方位、反应灵敏的社会立体监管体系，将直播带货引向健康发展轨道。

（1）建立相互监督的社会自律体系，铲除直播带货数据造假的土壤。参与直播带货的商家、网红及相关机构应建立透明的信息交流平台，使参与主体能够随时掌握信息动态，消除信息不对称格局，有效遏制数据造假行为。

（2）建立完善的法治监管体系，消除直播带货法治盲区。国家相关部门应加强协作，尽快出台有关政策和司法层面的法律法规，对直播带货行业进行刚性管理和约束，将直播带货纳入法治化监管轨道。

（3）加大定期检查与处罚力度，消除一切打监管"擦边球"的侥幸行为。由政府组建权威监管执法机构，对直播带货进行相应审查与检查，督促平台进一步完善内容审核机制，约束商家建立完备的售后机制，及时堵塞可能出现的漏洞。对于直播带货违反规范的行为，视情况提示劝诫、督促整改、公开批评，对涉嫌违法的，提请监管机关依法查处，并建立针对直播平台的网上巡查机制，在全网开展数据打假行动，防范数据欺诈行为。此外，加强政府职能部门联动，引入专业打假机制，建立黑名单制度和全民监督机制，对于存在售假、伪造流量等行为的主播，应将其列入失信名单，定期向社会公布，让直播带货违规违法行为无处遁形。

（4）加大直播带货监管基础设施投入，提高监管的社会灵敏度。将所有直播带货纳入统一监管平台，建立和完善公平、公正、安全的网络空间环境，通过全空间、全平台、全产业链的综合治理，实现线上线下监管的无缝连接。相关部门要从直播带货的事前、事中、事后环节入手，共同合作参与直播带货市场监管，积极利用大数据分析等新技术对直播"带货"实时监测，发现异常流量和数据及时叫停整改，以遏制直播乱象、重塑行业生态。

项目习题

一、单项选择题

1. (　　)是用户画像最常用的场景,通过用户画像的标签筛选,筛选出不同的用户群,对不同的用户群实现精细化运营。

    A. 分群运营　　　　　　　　　　B. 用户标签

    C. 人群管理　　　　　　　　　　D. 用户群分析

2. (　　)是通过观察、衡量数据指标,分析数据指标以形成直播运营优化的活动。

    A. 直播运营数据分析　　　　　　B. 直播商品

    C. 直播主播　　　　　　　　　　D. 直播脚本

3. (　　)是需要额外付费购买才能获取的直播流量。

    A. 付费流量　　　　　　　　　　B. 自然流量

    C. 实时流量　　　　　　　　　　D. 站外流量

4. (　　)是指直播间总销售额除以总销量。

    A. 客单价　　　　　　　　　　　B. 平均停留时长

    C. 观看人次　　　　　　　　　　D. 互动率

5. (　　)是指直播新增粉丝数除以观看人数。

    A. 平均停留时长　　　　　　　　B. 转粉率

    C. 评论互动率　　　　　　　　　D. 观看人次

二、多项选择题

1. 用户画像分析包括(　　　　)。

    A. 构建画像标签　　　　　　　　B. 用户群画像

    C. 用户分群　　　　　　　　　　D. 用户属性分析

2. 直播运营数据包括流量指标包括(　　　　)。

    A. 粉丝画像指标　　　　　　　　B. 流量指标

    C. 互动指标　　　　　　　　　　D. 转化指标

3. 流量从获取是否需要付费的角度可以分成(　　　　)。

A. 自然流量   B. 付费流量

C. 私域流量   D. 站内流量

4. 直播转化数据的核心指标包括（   ）。

A. 浏览互动数据   B. 引导转化数据

C. 商品评论数据   D. 直播带货数据

5. 常用的直播运营数据分析平台工具有（   ）。

A. 卡思数据   B. 飞瓜数据平台

C. 新榜查询平台新抖   D. 拉勾数据

三、判断题

1. 去中心化的平衡机制会让平台生态失衡，并且对新入局的创作者来说具有很大的吸引，会吸引更多的人参与内容生态的建设。   （   ）

2. 商品展示次数是指用户实际点击商品的次数。   （   ）

3. 用户群画像数据分析是指通过用户行为、用户属性等分析获取目标群体，并对群体进行处理的过程。   （   ）

4. 互动率可以衡量直播间的互动情况，除了评论外，还可以参考直播间点赞、转发、打赏的具体表现。   （   ）

5. 平均停留时长直接反映直播间的留客能力，是直播运营关键指标之一。

     （   ）

四、案例分析题

【案例背景】

2020 年 8 月 16 日，继同月 11 日小米成立十周年主题演讲和产品发布后，雷军趁热打铁开启直播首秀。雷军晚上 8 点进入直播间后，热度迅速飙升，此后其于 10 点半左右退出直播间，尽管两位小米员工仍在带货，人气却出现断崖式下滑。

像董明珠、梁建章这样的公众"熟脸"，在直播带货中具有天然优势。但是仅靠创始人和高管"刷脸"，用户们也不一定买账，直播带货的人气，更需要大折扣、低单价的福利商品聚拢。雷军本场直播带货中，原价 9.9 元的十支装小米巨能写中性笔，售价一块钱而且包邮，分两次上架的 8 万盒每次都是"秒光"。此外，10 粒装的彩虹电池、USB-C 数据线、感应小夜灯等单品，也是 1 元至 10 元不等的价格，且还包邮。

此次直播带货首秀中，雷军再次展现了"劳模本色"。从晚上 8 点入场到 10 点半离场，雷军在助理的配合下，整整直播了 2 个半小时。当晚 10 点，工作人员传来消息，销售支付额破亿。而在雷军 10 点半离场后，助理和另一位小米员工继续发挥雷军流量的"余热"，一直播到将近凌晨 3 点，这也让整场直播的时长达到了惊人的 7 个多小时——在"超长待机"战略下，本场直播的销售金额最终达到2.1 亿元。

请结合以上案例，试回答以下问题：

请问雷军直播成功的法宝是什么？

 **项目实训**

（一）实训目标

（1）掌握获取数据的工具方法。

（2）掌握直播电商效果评估的指标。

（3）掌握直播电商的复盘改进方法。

（二）实训任务

（1）流量指标的复盘及改进。复盘在线人数和人气峰值，通过派发红包、抽奖活动设置一些福利环节来吸引更多的用户。

（2）互动指标的复盘及改进。在用户评论中，观察用户互动频率最高的关键词，同时积极引导直播间的新老用户加群。

（3）转化指标的复盘及改进。根据不同商品的转化率情况，调整上架商品，进行差异化定价。

（三）实训要求

（1）具体通过流量指标、人气指标和转化指标量化直播效果数据。

（2）通过复盘改进建议能够实质性地提高直播电商的效果。

 # 主要参考文献

［1］阿里巴巴商学院.内容营销［M］.北京：电子工业出版社，2018.

［2］曹小其，胡青玲.电商直播［M］.北京：中国劳动社会保障出版社，2020.

［3］程啸，樊竞合.网络直播中未成年人充值打赏行为的法律分析［J］.经贸法律评论，2019（03）：1-15.

［4］刘东明.直播电商全攻略［M］.北京：人民邮电出版社，2020.

［5］刘喜咏，纪伟娟，顾孔平.电商运营与营销［M］.北京：人民邮电出版社，2019.

［6］南京奥派信息产业股份公司.直播电商运营［M］.北京：高等教育出版社，2021.

［7］徐骏骅，陈郁青，宋文正.直播营销与运营［M］.北京：人民邮电出版社，2021.

［8］杨浩.直播电商2.0［M］.北京：机械工业出版社，2020.

［9］张作为.移动电商运营［M］.北京：人民邮电出版社，2020.

［10］郑延，刘祎.直播运营管理［M］.北京：人民邮电出版社，2023.

教学资源服务指南

高等教育出版社

感谢您使用本书。为方便教学，我社为教师提供资源下载、样书申请等服务，如贵校已选用本书，您只要关注微信公众号"高职财经教学研究"，或加入下列教师交流QQ群即可免费获得相关服务。

"高职财经教学研究"公众号

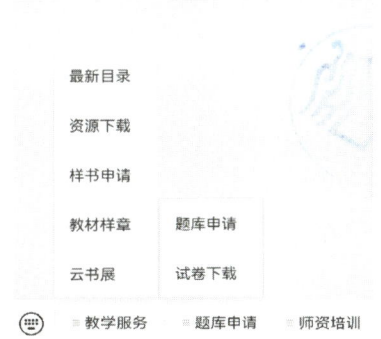

资源下载：点击"**教学服务**"—"**资源下载**"，或直接在浏览器中输入网址（http://101.35.126.6/），注册登录后可搜索相应的资源并下载。（建议用电脑浏览器操作）

样书申请：点击"**教学服务**"—"**样书申请**"，填写相关信息即可申请样书。

样章下载：点击"**教学服务**"—"**教材样章**"，即可下载在供教材的前言、目录和样章。

试卷下载：点击"**题库申请**"—"**试卷下载**"，填写相关信息即可下载试卷。

师资培训：点击"**师资培训**"，获取最新会议信息、直播回放和往期师资培训视频。

联系方式

高职电商营销教师教学交流QQ群：177267889

联系电话：（021）56961310　　电子邮箱：3076198581@qq.com